Como Eu Ensino

Práticas corporais

Brincadeiras, danças, lutas, esportes e ginásticas

Como Eu Ensino

Práticas corporais

Brincadeiras, danças, lutas, esportes e ginásticas

Marcos Garcia Neira

Editora Melhoramentos

Neira, Marcos Garcia
    Práticas corporais: brincadeiras, danças, lutas, esportes e ginásticas / Marcos Garcia Neira. São Paulo: Editora Melhoramentos, 2014. (Como eu ensino)

    ISBN 978-85-06-07737-5

    1. Educação e ensino. 2. Técnicas de ensino – Formação de professores.
    3. Esportes, lutas, danças, ginástica – Técnicas de ensino. I. Título. II. Série.

14/107   CDD 370

Índices para catálogo sistemático:
1. Educação e ensino   370
2. Formação de professores – Ensino da Educação   370.7
3. Esportes, lutas, danças, ginástica - Técnicas de ensino   796
4. Psicologia da educação – Processos de aprendizagem   370.15

Obra conforme o Acordo Ortográfico da Língua Portuguesa

Organizadores Maria José Nóbrega e Ricardo Prado

Coordenação editorial EstÚdio Sabiá
Edição Silvana Salerno
Revisão Ceci Meira e Valéria Sanalios
Capa, projeto gráfico e diagramação Nobreart Comunicação

© 2014 Marcos Garcia Neira
Direitos de publicação
© 2014 Editora Melhoramentos Ltda.

1.ª edição, 2.ª impressão, janeiro de 2018
ISBN: 978-85-06-07737-5

Atendimento ao consumidor:
Editora Melhoramentos
Caixa Postal: 11541 – CEP: 05049-970
São Paulo – SP – Brasil
Tel.: (11) 3874-0880
www.editoramelhoramentos.com.br
sac@melhoramentos.com.br

Impresso no Brasil

Apresentação

De que maneira uma pessoa configura sua identidade profissional? Que caminhos singulares e diferenciados, no enfrentamento das tarefas cotidianas, compõem os contornos que caracterizam o professor que cada um é?

Em sua performance solitária em sala de aula, cada educador pode reconhecer em sua voz e gestos ecos das condutas de tantos outros mestres cujo comportamento desejou imitar; ou silêncios de tantos outros cuja atuação procurou recalcar.

A identidade profissional resulta de um feixe de memórias de sentidos diversos, de encontros e de oportunidades ao longo da jornada. A identidade profissional resulta, portanto, do diálogo com o outro que nos constitui. É coletiva, não solitária.

A coleção Como Eu Ensino quer aproximar educadores que têm interesse por uma área de conhecimento e exercem um trabalho comum. Os autores são professores que compartilham suas reflexões e suas experiências com o ensino de um determinado tópico. Sabemos que acolher a experiência do outro é constituir um espelho para refletir sobre a nossa própria e ressignificar o vivido. Esperamos que esses encontros promovidos pela coleção renovem o delicado prazer de aprender junto, permitam romper o isolamento que nos fragiliza como profissionais, principalmente no mundo contemporâneo, em que a educação experimenta um tempo de aceleração em compasso com a sociedade tecnológica na busca desenfreada por produtividade.

A proposta desta série de livros especialmente escritos *por professores para professores* (embora sua leitura, estamos certos, interessará a outros aprendizes, bem como aos que são movidos incessantemente pela busca do conhecimento) é sintetizar o conhecimento mais avançado existente sobre determinado tema, oferecendo ao leitor-docente algumas ferramentas didáticas com as quais o tema abordado possa ser aprendido pelos alunos da maneira mais envolvente possível.

As práticas corporais na coleção Como Eu Ensino

O professor Marcos Garcia Neira, da Faculdade de Educação da USP, propõe neste livro uma abordagem cultural das atividades físicas no ambiente escolar. É da investigação da cultura corporal da comunidade, das demandas dos alunos e dos diferentes tipos de conhecimentos prévios que eles possam trazer que emergirão os conteúdos que comporão uma aprendizagem de fato significativa para crianças e jovens da Educação Infantil e do Ensino Fundamental.

Do funk ao skate de dedo, da dança ao futebol feminino, não existem temas proibidos quando o assunto é prática corporal. E para provar que é possível enfrentar certa apatia paralisante que às vezes toma conta do ambiente escolar, o autor ilumina sua teoria com relatos de experiência muito vivos, que levam o leitor-docente a acompanhar, passo a passo, a evolução da atividade, da escolha de uma situação-problema ao desenvolvimento didático da proposta, com uma atenção especial às dificuldades e superações enfrentadas pelo professor e seu grupo. Não são testemunhos "maquiados", nos quais a realidade se conforma ao currículo. Pelo contrário: transpiram a vivacidade experimentada coletivamente. Esses relatos surgiram da vivência de integrantes do Grupo de Pesquisas em Educação Física Escolar da FEUSP (GPEF), coordenado pelo autor. Os capítulos dedicados às diferentes práticas corporais são encerrados por um quadro-síntese que auxiliará o leitor-docente no planejamento das próprias atividades, com sugestões de filmes e sites relacionados. E a bibliografia, no final do volume, traz indicações específicas para cada uma das cinco modalidades abordadas.

O que fica, ao fim da leitura deste livro, é um convite ao enfrentamento de questões cristalizadas e paralisantes, sem medo de enfrentar resistências, sejam elas dos colegas, da direção, dos pais ou dos próprios alunos. Basta de sermos apenas o país do futebol (se ainda somos...). Podemos ser, também, o país das brincadeiras, danças, lutas, esportes e ginásticas.

Maria José Nóbrega e Ricardo Prado

Sumário

Introdução 9

1. O ensino das práticas corporais na escola 15

2. Brincadeiras.. 23
   As brincadeiras na escola 33
   Orientações didáticas...37
   Relato de experiência: o skate de dedo é brincadeira, sim. E daí? 41
   Com a mão na massa 55

3. Danças 57
   As danças na escola 66
   Orientações didáticas...71
   Relato de experiência: tematizando o funk na educação física...........76
   Com a mão na massa 87

4. Lutas 89
   As lutas na escola 100
   Orientações didáticas...104
   Relato de experiência: "lutar é 'coisa' de menina?" 110
   Com a mão na massa 121

5. Esportes 123
   Os esportes na escola...139
   Orientações didáticas...143
   Relato de experiência: um olhar diferente para o futebol.............147
   Com a mão na massa 156

6. Ginásticas... 157
   As ginásticas na escola...168
   Orientações didáticas...171
   Relato de experiência: saúde e lazer × competição na ginástica 176
   Com a mão na massa 190

Referências bibliográficas... 191

O autor.. 207

Introdução

Este livro surgiu da dificuldade de encontrar textos adequados às atividades propostas pela disciplina "Cultura corporal: fundamentação, metodologia de vivências", ministrada para os estudantes dos cursos de graduação da Faculdade de Educação da Universidade de São Paulo (FEUSP), também frequentada por professores das redes públicas de ensino.

Centrada na análise cultural das práticas corporais (brincadeiras, danças, lutas, esportes e ginásticas) e a sua tematização na escola, a reunião de materiais bibliográficos que subsidiem as discussões em sala de aula é uma tarefa que se renova a cada ano letivo. Esse expediente se tornou menos penoso em 2010, após o ingresso da professora Mônica Caldas Ehrenberg no corpo docente da instituição, com quem passamos a compartilhar as preocupações teórico-metodológicas da disciplina.

Muito embora a pedagogia que sustenta as atividades de ensino realizadas no pátio, na quadra ou no salão das escolas se encontre bem fundamentada, devidamente experimentada e que uma quantidade significativa de experiências realizadas pelos professores participantes do Grupo de Pesquisas em Educação Física Escolar da FEUSP (GPEF) esteja disponível para consulta dos docentes e pesquisadores[1], a trajetória histórica, as transformações dos seus significados e, principalmente, uma postura crítica em relação às práticas corporais constituem-se em abordagens menos presentes na literatura.

As raras produções existentes são bastante difusas e, quando reunidas, a falta de conexão entre elas inviabiliza a manutenção de uma mesma linha de raciocínio; afinal, se alicerçam em concepções divergentes daquelas que fundamentam a disciplina. Des-

---

[1] Disponível em: www.gpef.fe.usp.br. Acesso em: 21 out. 2014.

de sempre, a alternativa tem sido fragmentar as leituras e apresentar ressalvas sempre que necessário.

Assim, elaborar um material que, paralelamente à produção disponível, possa apoiar a reflexão sobre as práticas corporais e, mais que isso, articular-se a uma determinada concepção de ensino da área, é uma questão de compromisso com os estudantes e uma tentativa de contribuir com o trabalho realizado em muitas escolas.

Em 2007, demos início à compilação de livros, capítulos e artigos que constituiriam a bibliografia básica do curso. Sem jamais interromper a busca, entre 2011 e 2013 contamos com a colaboração inestimável do professor Rubens Antonio Gurgel Vieira e das professoras Maria Emília de Lima e Priscila da Purificação de Jesus, que, cada qual ao seu tempo, atuaram como monitores da disciplina.

Outro momento importante foram as reuniões do GPEF de 2011 e 2012. Na ocasião, pautou-se o estudo das práticas corporais acompanhado da troca de experiências sobre o desenvolvimento de intervenções pedagógicas culturalmente orientadas. Os registros de cunho etnográfico produzidos pelos professores Alessandro Marques da Cruz, Beatriz Campos de Andrade, Camila dos Anjos Aguiar, Saulo Françoso, Pedro Xavier Bonetto, Jacqueline Cristina de Jesus Martins, Rose Mary Marques Papolo Colombero, Marcos Ribeiro das Neves e Fernando César Vaghetti, que conduziram as apresentações sobre samba, parkour, futebol de várzea, futebol de campo, dança contemporânea, psy trance, skate e funk, foram agregados ao material bibliográfico.

Os textos considerados mais adequados, tendo em vista a nossa concepção de formação para a docência, são recomendados aos estudantes como leituras obrigatórias, o que nos permite coletar opiniões e avaliar quanto as ideias apresentadas provocam o debate e o interesse pelo tema. Aqueles que não suscitam discussões são substituídos, enquanto os demais permanecem nas referências para as turmas vindouras.

Como os sujeitos significam diferentemente os conhecimentos e representações que acessam, um texto bem aceito por um grupo nem sempre tem a mesma acolhida na turma seguinte. Encaramos a alteração como uma tarefa que faz parte das obrigações de quem educa, até porque a produção de conhecimentos na área não cessa. Ocorre que desde o início se fez presente a dificuldade de encontrar produções que promovessem uma análise cultural das práticas corporais de forma articulada ao trabalho pedagógico na Educação Básica.

Na linha de argumentação de Lee Shulman, para o exercício da tarefa educacional não basta ao professor dominar os conteúdos a serem ensinados nem tampouco possuir sólidos conhecimentos pedagógicos. O principal conhecimento mobilizado durante a ação didática é o conhecimento pedagógico do conteúdo. Na visão do autor, são as representações mais úteis dos conteúdos ensinados, as analogias mais poderosas, os exemplos e ilustrações que tornam a compreensão de tópicos específicos mais fácil ou mais difícil.

Eis a inspiração para a arquitetura deste livro. Após um capítulo introdutório no qual são apresentados os pressupostos que fundamentam o trabalho, cada capítulo seguinte sintetiza o surgimento, as mudanças ao longo do tempo e as características de um grupo específico de práticas corporais (brincadeiras, danças, lutas, esportes e ginásticas). Todos esses dados foram submetidos à análise cultural. Houve casos em que os materiais de referência eram acompanhados da crítica necessária, sendo portanto mantidas as ideias originais; em outros foi necessário elaborá-la.

Além de confrontar os percursos e concepções em circulação, a perspectiva cultural fundamentou as recomendações para a tematização das brincadeiras, danças, lutas, esportes e ginástica, as respectivas orientações didáticas e os relatos das experiências realizadas nas unidades escolares.

O rol de sites, filmes e livros disponível no fim do volume reúne recursos paradidáticos que o professor pode explorar durante as atividades de ensino visando o aprofundamento e a ampliação do repertório cultural corporal das crianças. Ele acompanha a bibliografia consultada de cada capítulo.

Por fim, sentimo-nos na obrigação de agradecer aos professores e às professoras que tornaram possível a realização deste trabalho. Ao Mário Luiz Ferrari Nunes, pelas sugestões para reescrita do capítulo "Esportes" e pelo presente que acabou se transformando em texto-base das "Brincadeiras"; ao Alexandre Vasconcelos Mazzoni, pelas correções das "Lutas"; à Mônica Caldas Ehrenberg, pelas sugestões bibliográficas e comentários sobre as "Danças"; à Elina Elias de Macedo, pela leitura e recomendações às "Brincadeiras"; ao Marco Antonio Coelho Bortoleto, pela revisão e pelas orientações das "Ginásticas"; ao Luiz Eduardo Pinto Bastos Tourinho Dantas, ao Hugo César Bueno Nunes e ao Flávio José Roccato, pelas sugestões bibliográficas que subsidiaram as "Lutas"; e ao Jorge Sérgio Pérez Gallardo e ao Luiz Alberto Linzmayer Gutierrez, pelo envio do material que fundamentou as "Ginásticas".

Agradecemos também aos professores e às professoras que gentilmente colocaram à disposição os relatos de suas experiências – Aline dos Santos Nascimento, Carina Xavier de Moraes, Marcos Ribeiro das Neves, Fernando César Vaghetti, Dayane Maria de Oliveira Portapila, Nyna Taylor Gomes Escudero e Jacqueline Cristina de Jesus Martins – e à professora Cindy Cardoso de Siqueira, pela cuidadosa catalogação de sites, livros e filmes que abordam as práticas corporais.

Capítulo 1

O ensino das práticas corporais na escola

A literatura especializada tem destacado o papel da educação escolar na construção de uma sociedade menos desigual. A esse respeito parece haver algum consenso de que o primeiro passo seja o de colocar em ação uma pedagogia que possibilite às crianças compreenderem o mundo à sua volta para que possam imprimir mudanças nas formas de relacionamento existentes.

Os professores e estudiosos simpáticos à ideia passaram a desenvolver, experimentar e avaliar propostas em todas as áreas presentes no currículo escolar. Com a educação física não foi diferente. Mediante contribuições da sociologia, antropologia, história, filosofia, política, semiótica e, mais recentemente, dos estudos culturais, a antiga preocupação com a aprendizagem dos movimentos foi substituída pela tematização da cultura corporal. De forma bastante sintética, a cultura corporal é uma parcela da cultura mais ampla que abarca todos os conhecimentos e representações[2] relativos às práticas corporais.

Práticas corporais, por sua vez, são os produtos da gestualidade sistematizada com características lúdicas, isto é, as brincadeiras, danças, lutas, esportes e ginásticas. Logo, fazem parte da cultura corporal desde as regras da amarelinha até o desenho tático do futebol, passando pelas técnicas do balé, a história do judô e os nomes dos aparelhos de ginástica. Também compõem esse repertório a noção do espor-

---

[2] As representações abarcam as práticas de significação e os sistemas simbólicos que dão origem aos significados, posicionando cada pessoa como sujeito. São os significados produzidos pelas representações que conferem sentido às experiências humanas.

te como meio de ascensão social das camadas desprivilegiadas, a utilização da ginástica para aquisição de uma determinada estética corporal, a brincadeira como atividade restrita às crianças, entre tantos outros significados em circulação.

Na escola, o trabalho pedagógico com as práticas corporais objetiva, principalmente, auxiliar as crianças a analisá-las, significá-las[3] e produzi-las, pois, afinal, constituem-se em textos elaborados pela linguagem corporal. A contribuição que isso pode oferecer para o entendimento da sociedade atual consiste, exatamente, na leitura dos significados e na compreensão das representações que os diferentes grupos sociais veiculam através da sua cultura do corpo, bem como na ampliação das possibilidades e formas de expressão corporal das crianças.

Aqui se está rompendo com a noção psicológica que explica o movimento como resultado de estímulos neurais, para entendê-lo como portador de significados culturais. Nesse caso, o termo mais adequado seria "gesto". Aliada às demais formas de expressão, é pela gestualidade que as pessoas socializam seus sentimentos, emoções e visões de mundo. O gesto é um signo. É o menor elemento da gramática produzida pela linguagem corporal. Organizados de forma sistemática, os gestos configuram as práticas corporais, que nada mais são do que artefatos culturais.

Na acepção dos Estudos Culturais, cultura é toda e qualquer ação social que expressa ou comunica um significado, tanto para quem dela participa quanto para quem a observa. Ou seja, o ato de significação é pura produção cultural. Cada atividade social cria ao seu redor um universo próprio de significados, isto é, a sua própria cultura. Assim entendida, a cultura constitui-se em meio às relações sociais nas quais

---
[3] Trata-se do processo de atribuição de significados que qualquer sujeito faz mediante a leitura de um texto cultural.

grupos e pessoas disputam o significado que será conferido às coisas do mundo. Portanto, a cultura é um território de lutas por significação.

O território da cultura não é fechado nem compartimentado. Ele se esparrama para além das fronteiras, onde outras significações se tocam e se entrecruzam. É justamente nas fronteiras que ocorre toda a ação dinâmica pela imposição ideológica de significados. Isso quer dizer que os grupos culturais lutam pelo controle do que é posto em circulação, influenciando a forma do sujeito entender e intervir na realidade.

O mesmo acontece com a cultura corporal. Trata-se de um terreno de conflitos expresso na intencionalidade comunicativa dos gestos que caracterizam as brincadeiras, danças, lutas, esportes e ginásticas. Veja-se o caso da capoeira. Há bem pouco tempo era desqualificada como ação social e reduzida a uma pequena parcela marginalizada da população. A prática era proibida, seus gestos eram tidos como violentos e os capoeiristas vistos como pessoas desprovidas de valores. Em tais circunstâncias, a presença desse artefato cultural na escola era algo inadmissível.

Na arena de lutas pela imposição de sentidos, a capoeira foi mantida por muito tempo à margem da sociedade. Estar à margem é estar permanentemente na fronteira, e os elementos aí situados contribuem para desestabilizar a cultura central. À medida que disputas simbólicas iam sendo travadas, não só a capoeira como também o grupo social que a produziu passaram a ser entendidos de outra maneira. Hoje, a capoeira é símbolo da identidade nacional e sua prática penetrou em ambientes como a escola, clubes e academias da elite. Como forma de expressão de um povo, a capoeira ganhou mais do que um espaço de atuação – propiciou uma ação política da cultura negra. Essa movimentação permanente no jogo do poder cultural caracteriza a maior parte das práticas corporais.

Os problemas gerados pela convivência social podem ser identificados na cultura corporal de todas as sociedades. Cada grupo social atribui sentidos e significados diferentes às práticas corporais em conformidade com o contexto no qual se criam e recriam. Para ilustrar, vale a pena comparar a capoeira a uma luta japonesa, como o judô. É fácil perceber que ambas traduzem diferentes filosofias por meio da gestualidade que as caracteriza.

A análise do percurso histórico de uma determinada prática corporal permitirá constatar que suas transformações decorreram das demandas sociais. Na Idade Média as cantigas de roda apresentavam-se como ocasião para flertes e galanteios entre jovens e adultos, mas, com o tempo, passaram a ser vistas como elementos da cultura infantil. Algo semelhante aconteceu com o jogo da amarelinha, a queimada e tantas outras brincadeiras populares.

É por meio de suas produções que as pessoas estabelecem uma relação comunicativa com a sociedade. Isso implica o entendimento dos artefatos culturais como textos passíveis de leitura e significação. Assim, as práticas corporais podem ser compreendidas como meios de comunicação com o mundo, constituintes e construtoras de cultura. Cada qual é uma produção textual da linguagem corporal a ser analisada e significada. É o que torna impossível adjetivar, mensurar ou comparar práticas corporais pertencentes a grupos sociais distintos. Enquanto produtos culturais, precisam ser vistas, antes de qualquer coisa, como um fator de identidade cultural.

Sob este prisma, não existem técnicas melhores ou piores, a não ser que se tome como referência um único modelo, atitude que não condiz com a atual sociedade multicultural. Cabe à instituição educativa organizar e desenvolver situações didáticas que possibilitem uma profunda compreensão sócio-histórica e política do patrimônio cultural corporal disponível, visando alcançar uma participação crítica, intensa e digna na esfera pública por todos os sujeitos.

Em um contexto marcado pela diversidade, uma pedagogia que se avente democrática tem que proporcionar condições para romper com o circuito perverso que, ao impor padrões, exclui os corpos diferentes e, ao tentar alcançar as referências hegemônicas, fracassa em função da diversidade que coabita a sala de aula. Portanto, ganha relevância uma ação educativa que analise as relações de poder que posicionam determinadas práticas corporais como legítimas em detrimento de outras.

É o que nos leva a defender uma Educação Física culturalmente orientada, por meio da qual os sujeitos terão oportunidade de analisar, ampliar e conhecer mais profundamente o próprio repertório cultural corporal, como também acessar os códigos de comunicação utilizados por diversas culturas, por meio da variedade de práticas corporais existentes.

Compreender o contexto histórico da gênese e a transformação das práticas corporais que as crianças vivenciam na cultura paralela à escola, por exemplo, permitirá elucidar as relações sociais que determinam sua estrutura, os aspectos que escondem e suas formas de regulação. Uma ação didática organizada segundo esse princípio possibilitará uma leitura crítica dos modos como determinados grupos definem a realidade e como outros procuram resistir. Propõe-se aqui, portanto, duas ações pedagógicas complementares: a leitura da prática corporal, a fim de que as crianças possam significar seus códigos constituintes, bem como sua produção no interior da escola, para que possam conferir-lhe novos sentidos.

O trabalho pedagógico com as práticas corporais parte do princípio de que a criança, desde bem pequena, possui infinitas possibilidades para o desenvolvimento de sua sensibilidade e expressão. Dentre os objetivos da tematização das práticas corporais, destacam-se a compreensão e o respeito às diferenças e, também, o reconhecimento da diversidade individual e grupal. É importante que o sujeito participe de atividades nas quais possa ver, reconhecer, sentir, experienciar e imaginar as diversas práticas corporais e atuar sobre elas. É fundamental que ele também conheça as produções de diferentes épocas e locais, tanto as pertencentes à cultura popular quanto as consideradas da cultura erudita.

A ação didática com a cultura corporal também inclui a socialização e a memória das práticas corporais pertencentes a outros grupos sociais. O elemento essencial é o respeito às culturas. Para tanto, é necessário que os educadores sejam capazes de, empaticamente, fazer a leitura das linguagens infantis, colocando-se corporalmente disponíveis para compreender seus sentidos e significados. Isso passa pela superação de algumas barreiras culturalmente impostas e que contribuíram para a configuração de uma cultura adulta que repele a brincadeira, o toque e a sensibilidade corporal.

Para uma pedagogia culturalmente orientada, é preciso assegurar a realização de atividades variadas: relatos orais e escritos, demonstrações, vivências corporais, rodas de conversa, experimentação, acesso a vídeos, ritmos, músicas, entrevistas, depoimentos, análise de imagens, fotografias, visitas aos locais onde as práticas corporais ocorrem etc.

É importante, também, que o cotidiano seja pleno de atividades de produção, tais como verbalização das opiniões, socialização das descobertas, organização de apresentações para os colegas da turma, escola ou comunidade, a comunicação de informações obtidas no interior da instituição educativa ou fora dela, entre outras. Ao lado disso, os sujeitos devem ser encorajados a pensar, discutir e conversar sobre as práticas corporais, com a intenção de diversificar os conhecimentos e representações já disponíveis.

Finalmente, sugere-se a organização de atividades pedagógicas que ampliem o patrimônio cultural corporal das crianças. Não se trata, portanto, de simplesmente reproduzir as práticas aprendidas na família, comunidade e mídia ou no interior da escola. Ao experimentá-las, conversar sobre elas, procurar compreendê-las, compará-las com outras já conhecidas e descobrir um pouco mais da sua história e das trajetórias dos grupos que as produziram e reproduziram, os saberes iniciais serão revistos, ampliados e aprofundados pela ação cuidadosa e atenta do professor.

Capítulo 2

Brincadeiras

A brincadeira está entre as práticas sociais mais antigas. Os registros que evidenciam sua presença em todas as sociedades organizadas perdem-se no tempo. É o que torna praticamente impossível atribuir-lhe uma data de nascimento ou um local de origem. Certo é que brincar é uma das atividades que caracterizam todos os grupos culturais de todas as épocas, sem qualquer distinção de classe, gênero, religião, faixa etária ou etnia. Homens e mulheres, adultos e crianças, jovens e velhos, independentemente do grupo ao qual pertencem, têm o brincar entre as usas ocupações. Talvez não seja a principal, mas isso não diminui em nada a sua importância na vida das pessoas.

As brincadeiras ocuparam um lugar muito importante nas mais diversas culturas. Em séculos passados, o trabalho não tinha o valor que lhe atribuímos agora, nem ocupava tanto tempo do dia. A brincadeira era uma forma de as pessoas estreitarem seus laços coletivos e sentirem-se unidas. Vários historiadores discorrem sobre o predomínio do ambiente lúdico até meados do século XVIII. Artistas e funâmbulos[4] divertiam a corte em jantares e reuniões. A população, a seu modo, alternava labor e diversão conforme a mudança das estações, do plantio e da colheita. Uma característica bem interessante dessas práticas era o seu sentido coletivo. Assim, homens, mulheres, adultos e crianças desfrutavam plenamente desses momentos.

A partir da Revolução Industrial as características do brincar sofreram mudanças. O que antes era celebrado no espaço público com valores e sentidos culturais muito significativos tornou-se objeto desti-

---

[4] Equilibrista que anda e volteia na corda ou no arame.

nado a um grupo restrito — o infantil — com um fim em si mesmo.

Com a ascensão da burguesia e a modificação nos costumes, o nobre foi destituído pelo homem empreendedor que não tinha tempo a perder, pois havia muito dinheiro a ganhar, a guardar e a multiplicar. As brincadeiras passaram a ser reprimidas e regradas. O adulto moderno distanciou-se[5] da prática massiva, conferindo-lhe uma nova organização.

Um bom exemplo do impacto dessas transformações sobre a cultura lúdica pode ser percebido na história do brinquedo. Até o século XVIII, adultos e crianças compartilhavam brinquedos, independentemente do gênero. A bola, a pipa e o arco foram de certa forma impostos às crianças somente mais tarde. Antes disso, os brinquedos não eram invenções de fabricantes especializados, pois surgiram como produto dos restos provenientes das carpintarias, das oficinas e dos fabricantes de velas.

Com o desenvolvimento do capitalismo, o brinquedo passou a ser comercializado com fins lucrativos. A partir daí, seus objetivos se modificaram. O sistema de produção industrial separou os grupos que inicialmente partilhavam da cultura lúdica. O local de trabalho tornou-se distante do ambiente doméstico, afastando o brinquedo da família e transformando-o em um objeto estranho. Desde então, as coisas funcionam dessa forma. A sociedade de consumo procura adaptar os indivíduos a práticas

---

[5] Distanciou-se da brincadeira mas não a abandonou. Um estudo realizado pelo Centro de Pesquisa Pew em 2008 com a população estadunidense demonstrou que 81% dos adultos entre 18 e 29 anos jogam videogames. O percentual diminui com o avanço da idade: 60% entre os americanos de 30 a 49 anos, 40% entre os adultos de 50 a 64 anos e 23% entre os adultos de mais de 65 anos. Os resultados surpreendem porque as pessoas com mais de 50 anos não conheceram esse brinquedo na infância. O hábito se estabeleceu quando já eram adultas. Isso acontece todos os dias. O número de brincantes nos *smartphones*, *tablets*, computadores e demais aparelhos eletrônicos só faz crescer. De modo algum o novo hábito implica o desaparecimento de carteado, bingo, dominó, entre outras práticas adultas. Em que pese a característica multietária do público que brinca, em função dos objetivos da presente obra, a discussão recairá tão somente sobre o brincar da infância.

massificadas. Quanto mais os gostos e preferências se aproximarem, melhor. Esse processo se inicia no âmbito familiar, por meio da oferta de brinquedos padronizados, no controle de suas propriedades e na previsão de objetivos.

Como se sabe, durante o brincar a criança constrói e reconstrói simbolicamente a realidade e recria o existente. Porém, a brincadeira criativa, simbólica e imaginária, enquanto forma infantil de conhecer o mundo e se apropriar originalmente do real, encontra-se sob ameaça pela interferência da indústria cultural e pela falta de compreensão desse mecanismo no ambiente escolar. Apesar disso, é importante salientar que as crianças não são meras receptoras do que é veiculado, vendido, permitido. Nesse processo há também uma reelaboração pelas próprias crianças dos elementos de seu patrimônio cultural. Mesmo dizendo que as crianças geralmente agem incorporando normas e padrões a partir dos elementos simbólicos que a sociedade lhes impõe, há resistência, negociação e recriação por parte delas.

Basta verificar que, numa época em que os brinquedos eletrônicos invadiram as prateleiras, sofás e poltronas ainda são montanhas a serem escaladas, mesas são cabanas e nuvens parecem animais e objetos. Ou seja, tantas coisas, aparentemente sem relação direta com o lúdico, continuam sendo transformadas em prazerosos brinquedos pelas crianças. Isso evidencia que as brincadeiras têm um significado especial para o grupo cultural que as cria e recria. Através delas, se produzem significados que nem sempre são partilhados por outros membros da sociedade.

A brincadeira é um fenômeno cultural no qual crianças assumem papéis ativos na transmissão e elaboração. A brincadeira sintetiza os valores do grupo no qual se desenvolve. Sua essência é a espontaneidade, seu teor, a liberdade. As crianças brincam porque gostam de brincar, porque brincar, antes de tudo, lhes faz bem. A brincadeira não se prende a amarras de nenhum tipo. Inicia-se e termina quando seus participantes assim o desejam. Tampouco resiste a imposições externas, pois suas regras e técnicas podem ser modificadas a qualquer momento.

Parece lógico que, se por um lado isso contribui para que o tratamento que a escola confere à brincadeira seja revisto, por outro poderá desestimular professores a intervirem, deixando as crianças livres para brincar da forma que quiserem. É justamente porque a proposição de brincadeiras com objetivos pedagógicos não faz o menor sentido, que os educadores são fundamentais na organização do cenário, de forma a torná-lo propício para brincar. Observar crianças brincando é condição primordial para o planejamento de situações, tempos e ambientes estimulantes.

A grande variedade é outra das peculiaridades da brincadeira. Com e sem materiais, tradicionais e contemporâneas, com brinquedos comerciais ou construídos, cantadas ou não, realizadas em grandes ou pequenos espaços, com muitos ou poucos participantes, seria impossível descrever todas as categorias existentes. Mas todas elas possuem um traço em comum: na grande maioria das vezes, são aprendidas mediante a interação horizontal. Ao contrário do que se possa supor, são as próprias crianças que fazem a iniciação dos amigos, colegas, vizinhos e familiares. Os adultos, professores ou não, exercem um papel menos importante no ensino das brincadeiras. Some-se a isso o fato de que a transmissão cultural é mais efetiva quanto maior for a proximidade etária.

A brincadeira é uma atividade livre e desobrigada de regras sociais. Divertimento e alegria se opõem à seriedade atribuída às coisas objetivas e produtivas. Por esse motivo, durante a brincadeira não pode haver produção de materiais ou qualquer outro benefício, nem tampouco a incorporação de um papel utilitário. A brincadeira é para ser brincada.

Outro traço marcante é sua compulsiva repetição. Para a criança ou adulto que brinca, a repetição não é enfadonha. Ao contrário, é desejada como um atrativo que desafia o brincante a tentar novamente na busca de um melhor desempenho. Toda e qualquer brincadeira é regida pela incerteza e imprevisibilidade de resultados. Quem brinca alimenta-se da esperança de triunfo, correndo os riscos de frustrar-se completamente. Qualquer certeza de sucesso ou fracasso afrouxaria a necessária tensão da brincadeira e a atividade lúdica perderia o seu encanto.

A universalidade de alguns traços também marca as brincadeiras. Brinquedos de voar, como pipas, aviões de papel e balões, podem ser encontrados em muitos lugares. O mesmo acontece com a construção de cabanas, abrigos e casinhas. As situações de ataque e medo também são elementos geradores bastante frequentes, basta enumerar a quantidade de brincadeiras em que há disputa e o sucesso na contenda depende da iniciativa de alguém. Vale a pena lembrar que a fuga é uma resposta bastante comum ao ataque. Pegador, rouba-bandeira e queimada são alguns exemplos. Já o medo de perder ou ser flagrado é o que move os sujeitos nas brincadeiras de dado, par ou ímpar, esconde-esconde etc.

O revezamento de funções é mais uma característica encontrada em diversas brincadeiras. São bem comuns aquelas em que os participantes alternam os papéis; bater e pular corda, por exemplo. Nas cantigas de roda, girar ou ficar no centro; na casinha, ser mamãe e filhinha, papai e filhinha, mamãe e filhinho, papai e filhinho, entre tantas combinações possíveis.

O rol de características ainda oferece mais duas: o confronto e a segregação, cuja ocorrência pode ser simultânea. A superação do adversário é um estímulo suficientemente forte para manter a brincadeira. Vencê-lo facilmente pode significar a perda do interesse; por isso, não é rara a exclusão daqueles que não oferecem maiores desafios, seja por faixa etária seja por nível de habilidade. Todavia, nada impede que as regras sejam alteradas para a inserção dos mais novos ou dos menos experientes.

Algumas brincadeiras são perenes e outras sazonais. O brincar de casinha, por exemplo, acontece o ano inteiro enquanto empinar pipa é uma brincadeira mais presente nos meses com fortes ventos. Não deixa de ser interessante constatar que o início de uma brincadeira pode acabar contaminando um grupo de crianças que passarão a repeti-la por um período indeterminado até que surja outra. A primeira é então "esquecida" por algum tempo, até que reapareça novamente. É o que comprova a existência de uma rede de compartilhamento em que um indivíduo contagia o outro. Obviamente, a ocorrência de muitas brincadeiras depende de certas condições, que podem ser a disponibilidade dos materiais e de tempo necessários, as condições climáticas, o contexto etc. As férias escolares, em função do tempo disponível e da ampliação das relações infantis, costumam permitir a aparição de brincadeiras distintas daquelas verificadas durante os dias letivos, que acabam possibilitando o surgimento de outras formas de brincar.

O elo entre cultura e o brincar é claramente percebido nas brincadeiras populares, especialmente naquelas desenvolvidas na rua. São modalidades anônimas e tradicionais, transmitidas oralmente. Muito embora caracterizem uma cultura local, possuem padrões lúdicos universais, mesmo observando-se diferenças regionais como variações nas designações e regras.

Aqui vale interrogar: Como, de criança a criança, de geração em geração, as regras e as formas de brincar são ensinadas e aprendidas? Ora, brincar pressupõe uma aprendizagem social. Aprendem-se formas, vocabulário típico, regras e seu momento de enunciá-las, habilidades específicas requeridas para cada brincadeira, modos de atuar coerentes etc. Frise-se que a transmissão de um elemento cultural só pode ocorrer num contexto social. A cultura da brincadeira é um fenômeno de grupo. Mantém-se e é transmitida por um grupo que se autorregula, possui identificação própria e modo de organização específico. É o que torna possível dizer que a configuração social de um determinado grupo é essencial para compreender o processo de transmissão da cultura lúdica.

No processo de apropriação da brincadeira, a cultura patrimonial exerce um papel determinante na transmissão e perpetuação do universo lúdico infantil. Os conceitos, o vocabulário e as habilidades necessários para brincar são partilhados dentro de um grupo de praticantes. Não se deve restringir, entretanto, o grupo aos que estritamente dele participam. Todo o entorno de sujeitos que orbitam está de algum modo partilhando o evento; daí ser possível compreender a íntima relação entre a constelação familiar e a brincadeira. A brincadeira se transforma em ocasião propícia para interações. Praticantes, especialmente no espaço público, tendem a atrair observadores, dentre os quais encontram-se os sujeitos inexperientes ou menos habilidosos, isto é, os aprendizes em potencial.

Os observadores, por sua vez, tendem a assumir diferentes papéis no grupo. Alguns ficam com tarefas periféricas na brincadeira, uns comentam seus momentos e outros simplesmente observam passivamente. Pode-se considerar que todos, mesmo esses últimos, partilham o evento. Os observadores fazem parte do grupo, mesmo que não estejam precisamente participando da brincadeira em questão. Embora o modo de participação de cada sujeito possa ser diferente, interessa, neste caso, mais o partilhar do evento do que a estrita atividade de brincar.

Todavia, a partilha de elementos culturais acontece de maneira diversa conforme o grupo. Algumas brincadeiras são mais presentes em função da faixa etária ou do gênero, embora essas características também apareçam mescladas. Em algumas culturas, pular corda, brincar de amarelinha e de elástico são brincadeiras tipicamente femininas, enquanto as pipas e bolinhas de gude são preferências masculinas. Nessas brincadeiras não são raras as práticas de discriminação a membros do sexo oposto que, no caso da participação, acabam sendo minoradas. A segregação leva a diferentes domínios da brincadeira e, como consequência, a rotas diferenciadas de transmissão cultural.

No que tange à organização, o tamanho do grupo e a idade dos participantes, variam conforme a brincadeira. O intrigante é que a formatação parece emergir do próprio grupo, sem grandes conflitos. A depender do que se brinca, alguns ficarão de fora. Em outras ocasiões, determinadas brincadeiras são simplesmente descartadas porque a quantidade de crianças e a faixa etária não se coadunam. Em grupos coetâneos, a contribuição para a aprendizagem de aspectos de uma brincadeira é mais frequente do que naqueles em que participam crianças de diferentes idades. A conclusão óbvia é que o brincante prefere brincar a ensinar a brincar.

Para fins da transmissão da cultura lúdica, alguns elementos são considerados: objetivo, técnicas, regras, quantidade de participantes, funções, nível de habilidade, forma de interação, ambiente e materiais necessários. Porém, nem sempre esses critérios são levados à risca. Inúmeras modificações e adaptações são empregadas para garantir a ocorrência da brincadeira. Em muitas situações, por exemplo, brincantes mais jovens ou iniciantes são incorporados mediante o afrouxamento das regras ou, se for o caso, recebem punições menos rigorosas. Trata-se de uma maneira autorizada de penetrar gradualmente na cultura lúdica.

Dificilmente todos os participantes de uma brincadeira possuem níveis de habilidade semelhantes. Os mais experientes organizam, distribuem papéis e apresentam, no geral, uma postura mais ativa no grupo. A aprendizagem do iniciante acaba dependendo das oportunidades proporcionadas pela criança mais hábil. A postura do experiente é o meio de acesso a uma cultura lúdica mais elaborada.

A forma como o brincante habilidoso lida com o aprendiz pode ou não facilitar a apropriação das técnicas necessárias para brincar. Comumente, o auxílio se dá em algumas tarefas, de modo a filtrar a aquisição de todos os conhecimentos e o desfrute pleno da brincadeira. Um caso típico é o momento de empinar a pipa. Fazê-la subir se tornará mais fácil com o auxílio de alguém, que levará o brinquedo a uma certa distância para que o empinador possa, por meio de puxões na linha na direção contrária ao vento, atingir seu objetivo. Quem leva a pipa e aguarda o comando para soltá-la, mais tarde poderá, quem sabe, segurar um pouco a linha e tentar executar manobras. Nesta, e em tantas outras brincadeiras, o acesso ao patrimônio cultural se realiza quando as crianças mais hábeis assim o permitem. A posição assumida pelo experiente na dinâmica tende a ser mais ativa, dando direção à brincadeira, arbitrando, indicando erros etc., enquanto a do aprendiz tende a ser mais passiva, observando, esperando a decisão, torcendo etc. Quando se considera, entretanto, a dinâmica da apreensão da cultura lúdica, a postura passiva do brincante menos experiente nada mais é do que uma estratégia para aceitação e pertencimento ao grupo.

As brincadeiras na escola

Embora desde o século IV a.C. Platão tenha sugerido a utilização da brincadeira como recurso pedagógico, foi o movimento escola-novista, nas primeiras décadas do século XX, que sistematizou o seu uso na sala de aula, atribuindo-lhe conotação pedagógica. Os estudos psicológicos de então concederam-lhe um aspecto formativo devido ao seu potencial para mobilizar esquemas de conhecimento.

Baseada nesses pressupostos, uma parcela não desprezível da literatura sobre o assunto passou a abordar a brincadeira como atividade relevante para o desenvolvimento infantil, inserindo-a definitivamente no currículo escolar. Em geral, o que se tem visto é a tentativa de atribuir-lhe funções pedagógicas, transformando o brincar em meio para aprendizagem dos conteúdos escolares ou dos comportamentos desejáveis. Foi o que levou a escola a estruturar, regrar e delimitar os espaços e horários para brincar.

A partir de então, a brincadeira foi sendo crescentemente utilizada como recurso educativo. Textos mais antigos propunham uma finalidade moral para o brincar, que servia como forma de ocupação do tempo das crianças. A ampliação dos princípios de organização contribuiria para corrigir eventuais desajustes nas personalidades infantis. Vistas sob um prisma organizativo e regulador, as brincadeiras eram propostas pelos educadores que buscavam desenvolver atitudes cooperativas nas crianças. O brincar, aqui, tem um caráter formador de padrões e de condutas socialmente aceitas.

Na segunda metade do século XX, sob a luz do tecnicismo educacional, a brincadeira recebeu uma nova roupagem. Responsáveis pelo desenvolvimento de comportamentos cognitivos, afetivos, sociais e motores nas crianças, os professores passaram a buscar apoio nas brincadeiras. Com base nos pressupostos tecnicistas, o raciocínio, a atenção, a coordenação motora, entre outras habilidades, transformaram-se em objetivos a serem alcançados por meio de situações lúdicas.

Em ambas as vertentes – reguladora e funcionalista – praticamente não há menção à relação entre brincadeira e cultura. Quando isso é feito, a referência é o desenvolvimento das habilidades culturalmente determinadas, sem dizer quais e por quê, ou simplesmente aludem à satisfação das necessidades de ação da criança.

Nessas abordagens a ênfase da brincadeira é a atividade prática. Não há qualquer preocupação com o pensar e agir em função de uma transformação da própria brincadeira e, muito menos, da sociedade. A brincadeira é ofertada principalmente para estimular a ação. Existe apenas uma motivação exterior para uma resposta da criança, quase sempre mediada pela ação do professor.

Fortemente influenciados por essas ideias, muitos educadores em atuação concebem a brincadeira como estratégia didático-pedagógica. Todavia, até o momento, a produção científica sobre o assunto ainda não dispõe de evidências acerca da real contribuição da brincadeira à formação dos sujeitos. E a razão chega a ser bastante simples.

Oferecida como atividade de ensino, não será a criança a tomar a iniciativa do brincar. Sem livre escolha e sem a possibilidade real de decidir, não há brincadeira, pois não é a criança, mas sim o professor, quem decide os passos a serem dados. A brincadeira é uma transformação da realidade, implica decisões, procedimentos, regras e conteúdos socializados com os demais. Por isso é pensada como um meio educacional. Entretanto, embora constitua-se em aprendizagem social, o caráter incerto e aleatório da brincadeira inviabiliza a definição *a priori* de conteúdos a serem ensinados, algo exigido pela educação escolar.

Ademais, se a iniciativa da brincadeira for exterior, a criança provavelmente ficará inibida, comprometendo o desenvolvimento da prática. Nem toda brincadeira agrada à criança. Para que exista a liberdade do brincar, a criança deve poder recusar o que foi proposto ou escolher aquela de sua preferência. Uma brincadeira que tenha por objetivo promover a cooperação poderá ser recusada tendo em vista a participação de determinado colega, qualquer acontecimento anterior ou a dificuldade das regras. É preciso considerar que o prazer no brincar depende do contexto cultural da criança.

Ao colocar a brincadeira essencialmente como estratégia para o alcance de objetivos educacionais, desconsidera-se o fato de que a brincadeira selecionada pode não possuir ancoragem social, ou seja, não estar lastreada na cultura do grupo. Aquelas brincadeiras inventadas, presentes em muitos livros e manuais didáticos, são um bom exemplo disso. Pode ser até que as crianças participem e se divirtam, mas isso não significa que compreendam o que estão fazendo e, muito menos, que possam pensar a sociedade através dessa experiência.

Quando o professor seleciona determinadas práticas lúdicas segundo "os objetivos que pretende alcançar", ou quando inventa brincadeiras que não existem visando "beneficiar" as crianças, poderá criar confrontos com a formação cultural de origem da criança e com as razões que ela encontra para brincar. Dentre tantas, a menor das consequências certamente será a recusa em participar.

Talvez seja essa a explicação para um achado recente. Os resultados de entrevistas realizadas na primeira semana de aulas com todas as crianças matriculadas no 1º ano do Ensino Fundamental mostraram que a escola não é vista como espaço adequado para as suas brincadeiras.⁶ Em outras palavras, as crianças pressentem que esse espaço é pouco acolhedor àquilo que fazem tão bem em outros lugares. Ora, não há maneira de incorporar a brincadeira às práticas escolares se as atividades propostas não respeitarem a cultura lúdica infantil. É esse exercício de cidadania que, muito além do discurso, permitirá ao educador compreender que brincar é importante para a criança. Daí, colocá-la na situação de sujeito significará assumir a função de propiciador e parceiro, e não de mentor da brincadeira, ou seja, ter coragem de, nas atividades escolares, problematizar junto às crianças as brincadeiras que conhecem, para então, pedagogicamente, socializá-las, ampliando o repertório cultural do grupo.

A tematização da brincadeira enquanto prática corporal exige que um novo conceito seja formado acerca do seu papel na escola. Em lugar de pensar a brincadeira enquanto uma estratégia de ensino e regulação, a concepção aqui adotada concebe-a como artefato cultural. A cultura, por sua vez, é tratada como dimensão simbólica presente nos significados compartilhados por um determinado grupo. Trata-se de uma prática social. Nesse enfoque, coisas e eventos do mundo natural existem, mas não apresentam sentidos intrínsecos: os significados são atribuídos a partir da linguagem. Pertencer a um grupo cultural implica o compartilhamento de um conjunto de significados que as linguagens colocam em circulação.

Sendo a educação um processo pelo qual as pessoas se tornam sujeitos históricos, ou seja, apropriam-se das práticas de significação que permeiam seu grupo, educar-se nada mais é do que socializar-se

---

⁶ Durante a pesquisa, intitulada "Conhecimentos da cultura corporal de crianças não escolarizadas: a investigação como fundamento para o currículo", todas as crianças matriculadas no 1º ano do Ensino Fundamental de uma escola municipal de Osasco (SP) foram entrevistadas (NEIRA e PÉREZ GALLARDO, 2006).

na cultura. Educar-se é constituir-se enquanto indivíduo socialmente inserido e historicamente marcado. A cultura é, portanto, a própria matéria da educação. É pela educação que cada indivíduo apropria-se dos significados culturais e adquire condições de desfrutar daquilo que a história produziu. Considerada essa visão, as brincadeiras deixam de ser meio e assumem o seu devido lugar, o de objeto do trabalho educativo.

A formulação de uma proposta culturalmente orientada é bem mais do que introduzir determinadas brincadeiras na escola. Não basta simplesmente acrescentar práticas de todos os tipos e formatos. É necessário desenvolver um novo olhar, uma nova ótica e uma sensibilidade diferente. O caráter monocultural está muito arraigado na escola, parecendo ser-lhe inerente. Veja-se, por exemplo, o privilégio concedido a determinadas brincadeiras em detrimento de outras. Enquanto a amarelinha, o pega-pega e o pular corda são repetidamente enfatizados, a dama, o diabolô e o videogame são desprezados. Questionar, desnaturalizar e desestabilizar essa realidade constitui-se em passo fundamental, e para que isso ocorra a primeira coisa a ser feita é reinventar a pedagogia das atividades lúdicas.

Orientações didáticas

As atividades pedagógicas que tematizam uma determinada prática corporal não podem ser esvaziadas ou fragmentadas a ponto de perderem seu significado social. Numa perspectiva cultural deverão, prioritariamente, partir do formato conhecido da brincadeira em função da comunicação/expressão de sentimentos e intenções.

A proposição de qualquer brincadeira fora do contexto cultural das crianças incorre na distorção do sentido, sem que seja desencadeada qualquer aprendizagem social significativa. Não se trata de ensinar dezenas de brincadeiras, mesmo porque esse não é o objetivo da escola. Os conhecimentos das crianças sobre a cultura lúdica precisam ser valorizados. Eis o ponto de partida.

Visando coletar informações sobre o patrimônio da cultura lúdica da comunidade, os educadores poderão realizar uma pesquisa no entorno da escola, a fim de identificar as brincadeiras existentes. Também poderão conversar com as crianças, familiares e demais funcionários da escola. Convém registrar quais formas de brincar existem na comunidade, como e onde são realizadas, quem participa delas, como se organizam e em quais espaços. As crianças também podem relatar quais brincadeiras conhecem, praticam ou praticaram. Outra forma também utilizada para coletar essas informações pode ser o diálogo com a comunidade e com alguns colegas de trabalho que residem no bairro. Esses procedimentos permitirão garimpar um rol de saberes sobre as práticas lúdicas que as crianças já conhecem quando chegam à escola.

Com os dados coletados, a elaboração de um projeto didático poderá articular esse mapeamento geral com a problematização de um tema específico, visando a estruturação das atividades de ensino. Para atender aos objetivos de enriquecimento cultural, é necessário analisar determinados aspectos da brincadeira que serão problematizados, tais como: O que é necessário para usufruir dessa prática corporal? É possível extrair "elementos educativos" e articulá-los com o projeto político-pedagógico da escola? Quais modificações devem ser implementadas a fim de ressignificar as brincadeiras identificadas? De que forma? Onde podemos vivenciar essa prática? Como?

Somente a partir daí serão propostas vivências corporais, sempre permeadas por diálogo, interação coletiva, reorganização, discussão de outras possibilidades, análise e produção. É extremamente importante que o repertório cultural disponível na comunidade seja reconhecido e valorizado. O elo de ligação poderá ser uma história contada por um familiar, uma informação captada na mídia ou a experiência pessoal de uma determinada criança. Sempre haverá alguém que conheça a brincadeira e que poderá explicá-la e demonstrá-la aos colegas. Em função das suas características e das condições disponíveis, o professor poderá questionar as crianças, estimulando-as a sugerir alterações. Qualquer alteração deverá ser vivenciada, para que possa ser conhecida e reelaborada, se necessário, possibilitando o concurso de todos. Trata-se, no limite, de valorizar os conhecimentos adquiridos pelas crianças na cultura paralela à escola.

Durante todo o processo é fundamental que o professor permaneça atento à articulação da proposta com as intenções explicitadas no projeto da instituição. Isto se dá através da adoção dos mesmos objetivos de ensino auferidos por meio da análise do documento escolar e das discussões com os outros professores.

Na continuidade, a organização de conversas sobre as vivências focalizará, alternadamente, diferentes conhecimentos e representações das brincadeiras, os saberes das crianças durante a prática e as reflexões sobre sua participação e envolvimento. Tudo isso sem deixar de considerar as múltiplas formas de interação no grupo e a relação dessas questões com esferas sociais mais amplas.

Ao trabalhar com as brincadeiras impregnadas na cultura, professor e crianças lidarão com questões referentes aos papéis de gênero, classe e etnia, podendo, mediante a reflexão e o diálogo, desmistificá-los. Os incômodos percebidos não podem ser menosprezados. É importante discutir com as crianças o que leva as pessoas a pensar de uma forma ou outra, visando, com isso, submeter tais representações a uma análise crítica.

Existem práticas corporais exaltadas, ou mesmo rejeitadas, por alguns grupos religiosos. Ao abordá-las na escola é preciso dialogar com a comunidade sobre os objetivos e razões daquela temática, explicitando a função da escola enquanto espaço público e a relevância de todos participarem das atividades de ensino. Da mesma forma, temas polêmicos trazidos pelas crianças, como brincar de pipa com cerol ou danças e músicas com duplo sentido, são assuntos que devem ser discutidos com a turma.

Para ampliar e aprofundar os conhecimentos e acessar outras representações sobre as brincadeiras, poderão ser programadas atividades como assistir a documentários, filmes e animações, pesquisar na internet, buscar informações em livros, revistas ou entrevistas com adultos e crianças etc. É impossível relacionar todas as possibilidades. Quaisquer atividades de ensino com esse teor serão bem-vindas.

As atividades de ampliação e aprofundamento precisam ser precedidas de uma busca pessoal do professor por mais informações. Somente assim será possível elaborar tarefas verdadeiramente problematizadoras. Ou seja, as situações didáticas organizadas pelo educador incitarão questionamentos e dúvidas nas crianças, que, por sua vez, terão que discutir o assunto. A história da brincadeira, suas regras, as falas que a acompanham, os grupos que dela participam e como ela é vista por outras pessoas, são apenas alguns dos possíveis eixos de debate.

A proposta não se encerra na permanência e ênfase daquilo que elas já sabem. Um dos encaminhamentos possíveis é a problematização das representações alusivas à brincadeira que uma pesquisa ampliada facilmente identificará. As crianças poderão ser estimuladas a investigar novas informações sobre a prática corporal. Sempre haverá algo a descobrir e socializar; qualquer conhecimento poderá ser compartilhado com os colegas e experimentado. Eventuais obstáculos que impeçam o grupo de colocar em pleno funcionamento a brincadeira obrigarão a turma a criar alternativas.

Finalizando o processo, recomenda-se, com base nos registros ao longo do trabalho (anotações, gravações, desenhos das crianças), a elaboração de um produto final que poderá ser uma apresentação, um portfólio, um livro etc., desde que plenamente construídos pelas crianças e com a participação delas em todas as decisões. É importante frisar que as preferências das crianças no tocante ao que apresentar e ao formato da apresentação também podem transformar-se em objeto de discussão. Isso não significa censura ou proibição. Se, inicialmente, a produção das crianças envolver situações não recomendadas pela escola ou apresentar caráter distorcido de outras realidades, esse elemento poderá ser o gerador de um debate, chegando até à revisão dos valores da cultura escolar ou da própria comunidade.

A análise desses documentos fornecerá informações preciosas sobre o percurso traçado e permitirá identificar mudanças nas representações e posturas das crianças. A depender do resultado, o professor retomará uma determinada atividade ou reorganizará as próximas.

Relato de experiência: o skate de dedo é brincadeira, sim. E daí?[7]

No retorno das férias de julho, a professora Aline dos Santos Nascimento propôs a eleição das práticas

---
[7] A primeira versão do documento foi produzida por Carina Xavier de Moraes após entrevistar a professora responsável.

da cultura lúdica que as crianças do 5º ano da Escola Municipal de Ensino Fundamental Castor, localizada na cidade de São Paulo, estudariam naquele período. Começou com uma avaliação do primeiro semestre e uma análise do mapeamento realizado no início do ano. Nesse mapeamento, procurou atentar à presença de práticas que tradicionalmente são excluídas do currículo escolar para, assim, poder incluí-las.

Com este intuito, ela observou que durante os horários de entrada, saída e intervalo muitas crianças realizavam manobras com o fingerboard, brinquedo popularmente conhecido como skate de dedo. Os meninos trocavam rodinhas, conversavam sobre os componentes do brinquedo e as manobras que viram ou sabiam fazer. Saltou aos olhos o fato de que guardavam rapidamente o brinquedo ao serem flagrados, aparentemente com receio de que a professora pudesse retirá-lo e proibi-los de brincar.

Ao iniciar a aula, ela explicou que o trabalho não se resumiria apenas a vivências práticas. Teriam também o suporte teórico necessário às discussões fomentadas por meio de pesquisas (internet, jornal, textos, revistas, vídeos, filmes etc.). Durante os estudos todos deveriam aprofundar os conhecimentos sobre a prática eleita, conhecer seus representantes e discutir como ela é vista na sociedade atual.

Ao questioná-los sobre as práticas corporais que teriam interesse em estudar, a professora obteve como resposta os esportes. Propôs, então, realizarem um mapeamento específico sobre o tema e, para tanto, solicitou às crianças que criassem um mapa, cujo centro seria suas casas. Deveriam indicar a presença de práticas corporais na comunidade. Com base nessas informações, decidiriam a prática lúdica a ser tematizada e a professora poderia definir os objetivos do projeto.

Aline consultou o grupo sobre cada prática corporal que apareceu: um menino citou o futebol e houve um debate entre os que não queriam e os que queriam estudar aquele esporte; também surgiram o vôlei, o basquete e o handebol. A maioria não gostou.

Por conta das observações que fizera sobre o fingerboard, a professora mencionou o skate. Todo mundo começou a gritar na sala: "É esse! É esse! É esse!" Ela quis saber a razão da euforia. Uma menina disse que existiam várias pistas de skate nas proximidades da escola e completou dizendo que frequentava a pista e participava de algumas competições, tanto de skate tradicional quanto de skate de dedo.

A turma foi estimulada a falar sobre o skate de dedo. Disseram que estava presente no bairro e, quando podiam, ficavam trocando rodinhas e peças, além de montar rampas com papelão. Tudo acontecia fora da escola, pois a prática era proibida dentro dela. A professora surpreendeu as crianças com sua posição quando afirmou a importância de estudar práticas corporais marcadas negativamente, a fim de compreender melhor a construção daquela imposição. Um menino, que era visto por muitos como indisciplinado e ausente, levantou a mão e disse: "Prô, eu sei que eu não participei no semestre passado porque eu não gostava de dançar, mas se for skate eu até topo, porque tenho vários skates de dedo na minha casa e, se a senhora quiser, eu posso trazer pra gente poder ensinar quem não sabe e a gente pode trocar, fazer várias coisas". Os colegas olharam surpresos, porque ele raramente se manifestava. As duas falas foram muito importantes, pois ninguém sabia, por exemplo, que o garoto possuía skates de dedo e que a menina participava de competições fora da escola.

Refletindo sobre o assunto, a professora percebeu que o skate de dedo poderia se desdobrar em conteúdos que dialogavam com a intenção inicial do projeto, qual seja, criar possibilidades de estudo sobre práticas silenciadas na escola, no caso, o skate de dedo. Eleita a prática corporal, os objetivos educacionais foram elaborados:

- Potencializar a voz dos representantes e valorizar o skate de dedo.
- Compreender o skate de dedo enquanto prática histórica, social e política de um determinado grupo.
- Identificar e adotar uma postura crítica frente aos discursos sobre o skate de dedo que circulam na sociedade e regulam comportamentos.

As crianças foram convidadas a trazer seus skates de dedo no dia seguinte. Tendo como objetivo mapear os conhecimentos e representações que possuíam sobre o brinquedo e como eles se traduziam na prática, a professora iniciou a aula registrando na lousa algumas questões sobre o skate: Quais tipos existem? Quem são os praticantes? Como são suas vestimentas? Onde praticam? Quais são as manobras? Como praticar na escola?

Apesar de o foco recair no skate de dedo, as questões abrangiam duas práticas corporais (skate e skate de dedo), pois na visão da educadora, a leitura das crianças ainda não apresentava distinções. Como o objetivo era reunir o máximo de informações sobre o que sabiam, foram elaboradas questões bem amplas, mesmo porque algumas manobras, obstáculos e peças possuem os mesmos nomes no skate e no skate de dedo. As respostas foram registradas no caderno e, posteriormente, lidas em voz alta.

Surgiram as seguintes opiniões: "O skate é divertido e radical"; "Skate é *shape, truck*, rodas, parafuso"; "É uma prancha de quatro rodas"; "Um negócio que você fica em cima e tem lixa"; "É um esporte, forma de vida e diversão"; "Minha vida e minha arte" (esta, uma colocação da menina que participa de campeonatos). Sobre os participantes, em vários registros foram mencionados os colegas da turma como representantes reconhecidos dessa prática. Quanto às manobras, apareceram flip, hole, rolamento, 360º e vertical. As respostas também indicaram possibilidades de vivência na escola: "estudando sobre o tema" e "praticando-o na quadra e em jogos virtuais".

Na sequência, a professora deixou as crianças à vontade para brincar com seus skates de dedo na sala de projetos, um ambiente amplo o suficiente para que todos pudessem sentar-se no chão. Seu objetivo era promover o intercâmbio de conhecimentos sobre as manobras conhecidas. No decorrer da vivência, filmada com o celular, as crianças criaram rampas, colocando as mesas e cadeiras encostadas umas às outras.

No final da aula, um menino perguntou se poderia trazer vídeos que ensinavam a fazer manobras com o skate de dedo. A resposta foi positiva, pois o contato com esse material permitiria a ampliação dos conhecimentos sobre a prática corporal.

Na data combinada, ele trouxe três vídeos. O primeiro apresentava manobras realizadas no ambiente doméstico, entre obstáculos feitos com pedras, caixas de isopor e rampas de madeira. O segundo, mais bem elaborado, apresentando recursos como *replays* e *slowmotion*, ajudou a turma a identificar algumas manobras, pois, na leitura que fizeram, haviam classificado certas manobras como sendo de alta desenvoltura e dificuldade e, com base nessa observação, decidiram iniciar as vivências por movimentos mais simples. Durante a assistência, ouviam-se os comentários: "Uau! Nossa, olha, ele é maneiro!"; "Esse é bem melhor que aquele, né, professora?"; "Os caras manjam muito! Nossa, véio, olha isso!"; "O que esse cara tá fazendo?"; "Que loucura!" Já o terceiro vídeo apresentava uma competição dentro de uma loja de skate, da qual participavam jovens e uma criança pequena. O grupo permaneceu atento e várias crianças comentaram como as pessoas levam a sério a prática do skate de dedo, sendo ele, em determinados lugares, visto como esporte.

As falas refletiam empolgação e surpresa: "Nossa, essa aula foi muito legal, acabou muito rápido". O retorno da turma aumentava a expectativa da professora com o projeto. Após as análises dos vídeos, as manobras apresentadas foram vivenciadas. Nessa altura, a quantidade de skates de dedo era maior, possibilitando a organização de grupos menores para o trabalho, o que aumentou a oportunidade de acesso e manuseio do material.

Na aula seguinte, a professora apresentou um vídeo contendo as imagens que havia registrado com o celular. Algumas crianças ficaram impressionadas com a visão da própria performance. No momento em que um dos colegas[8] apareceu no vídeo todos ficaram empolgados porque ele estava participando, havia conseguido manusear o artefato e suas manobras foram filmadas. Foi possível perceber a expressão de orgulho e satisfação nos meninos e meninas. Após a apreciação do vídeo, as crianças foram convidadas a identificar as manobras apresentadas. Algumas responderam de imediato, enquanto outras o fizeram mais timidamente.

A próxima etapa do projeto foi a construção das pistas. Para tanto, a professora solicitou que trouxessem tudo o que poderia ser utilizado na construção: cola, papelão, pedaços de madeira, isopor etc.

A aula seguinte foi iniciada com o levantamento dos materiais disponíveis. A turma sentiu grande dificuldade na construção das pistas, pois, diferentemente do que havia pensado, foi algo extremamente trabalhoso em relação ao acabamento, manuseio

---

[8] Trata-se de uma criança com deficiência intelectual que interage muito pouco com os colegas.

dos materiais e funcionalidade das pistas. O skate de dedo deveria deslizar com fluidez, mas isso não estava acontecendo. Com as dificuldades, a construção demandou mais tempo do que o inicialmente previsto.

No decorrer da semana, dois estudantes do 6º ano que praticavam skate de dedo procuraram a professora e perguntaram se poderiam organizar um campeonato no Dia da Primavera, data festiva prevista no calendário escolar. Os dois se colocaram à disposição para ajudar no projeto, oferta que foi prontamente aceita.

A turma empolgou-se com a possibilidade de visita dos colegas mais velhos. Contudo, informou a professora, antes deveriam preparar algumas questões para uma entrevista, terminar as pistas de skate, e cada grupo teria que apresentar ao menos uma manobra.

Coletivamente, a turma elaborou treze questões para os visitantes, baseadas em aspectos técnicos: funcionamento, composição, regras, manobras, competições, modelos e peças recomendadas para eventos oficiais. Na data combinada um deles não pôde comparecer. Seu colega trouxe alguns skates de dedo e também se desculpou pelo nervosismo, dizendo nunca ter passado por tal experiência.

Em determinado momento, extrapolando o questionário elaborado, uma menina perguntou como ele tinha conhecido o skate de dedo. O convidado respondeu que uma vez estava andando de skate e um amigo havia lhe apresentado o brinquedo. Ele gostou e começou a praticar e pesquisar manobras na internet. Aproveitando a ocasião, a professora perguntou se ele sofria algum preconceito por ser praticante do skate de dedo. A resposta foi negativa, pois era considerada uma prática muito tranquila e comum na rua em que mora.

Ao final, o entrevistado apresentou algumas manobras para que as crianças pudessem vivenciá-las nas pistas que construíram. Ele parabenizou os jovens colegas e agradeceu a oportunidade, dizendo que nunca havia visto nada assim na escola. Todos ficaram felizes com suas palavras.

Visando aprofundar os conhecimentos sobre a brincadeira, a professora solicitou que realizassem uma pesquisa com todas as informações possíveis. Avaliou que seria importante saber um pouco mais sobre quem são as pessoas que praticam o skate de dedo, além das origens dessa prática.

Apenas duas crianças trouxeram os resultados de suas pesquisas. Informavam sobre as características do brinquedo e as competições, mas nada descobriram acerca dos praticantes. O objetivo da atividade não foi atingido, pois já haviam discutido bastante sobre o artefato. As informações trazidas praticamente repetiam o que a turma já sabia. Ou seja, não avançariam no sentido de investigar os códigos da cultura do skate de dedo, que poderiam emergir dos discursos de seus praticantes.

A professora pesquisou por conta própria e selecionou um texto[9] de fácil leitura do Jarder Muller[10], que relata a história do skate de dedo. O material foi apresentado e uma criança foi convidada a lê-lo em voz alta. O conteúdo aborda preconceitos que atravessam a prática corporal, como o *boom* da moda de fingerboard, que fez com que, de maneira geral, fosse visto como coisa passageira, de pouca legitimidade – uma brincadeira de criança. O autor não se prolonga nessas questões, mas como forma de defender seus praticantes e legitimar a prática diz com todas as letras que as crianças não praticavam.

---

[9] Disponível em: http://ptfingerboard.blogspot.com.br/2007/09/histria-do-fingerboard-contada-por.html. Acesso em: 21 out. 2014.

[10] Jarder Muller é praticante do skate de dedo, reconhecido por muitos como percursor/protagonista da prática no Brasil. Em 2003, criou a marca Evolve, uma das mais fortes no cenário atual.

Após a leitura, o grupo recebeu as seguintes provocações: As crianças não praticavam ou não praticavam direito? Se era moda, por que não teriam entrado nessa moda? Os questionamentos pretendiam estimular a reflexão das crianças sobre quem poderia ser visto como o verdadeiro representante da prática do skate de dedo e por que um praticante infantil seria algo pejorativo.

As crianças rebateram as posições do autor, dizendo que "não tinha nada a ver". Afirmaram que o skate de dedo não era uma coisa de criança e que eles não viam preconceito. Como hoje em dia existem competições nacionais e internacionais, essas questões de ser infantil ou de moda cairiam por terra. Em coro, afirmaram se tratar de um esporte sem preconceito.

As respostas preocuparam a professora, que solicitou a elaboração de um breve relato sobre o que entenderam do texto. A ideia era proporcionar o confronto dos argumentos do autor com o que ouviram do colega do 6º ano e problematizar os discursos preconceituosos que envolvem a prática do skate de dedo, sobretudo aqueles relacionados à infância, e, a partir daí, possivelmente atribuir novos significados à prática.

Como material de apoio, a docente montou um painel com as diversas concepções dos praticantes. Colou falas de um grupo de jovens e crianças que propaga o skate de dedo autodenominado Projeto Skate de Dedo de Volta[11], que promove suas ações por meio de palestras, demonstrações e oficinas direcionadas ao público infantojuvenil. Os dizeres de Jarder Muller foram confrontados com as frases do portal desse grupo, extraídas dos depoimentos presentes no fórum virtual de discussão entre fingerboarders, sobre o fato de sofrerem ou não preconceitos. Foram selecionadas: "Isso é coisa de criança" e "Dentro das escolas, muitos professores pegam e escondem o brinquedo".

---

[11] Disponível em: www.skatedededodevolta.blogspot.com.br. Acesso em: 4 ago. 2014.

As informações contidas no painel foram apresentadas à turma, que passou a confrontar os diferentes pontos de vista ali presentes. A professora lançou as seguintes questões: Se as pessoas acham que é coisa de criança e alguns praticantes afirmam que não é, por que as crianças e os jovens estão produzindo as ações do fingerboard? Quem é visto como representante verdadeiro? Qual o sentido da expressão "trazer o fingerboard de volta"? Será que o brinquedo é coisa do passado? Está voltando ou se transformando?

Um menino iniciou sua análise da seguinte maneira: "Professora, minha irmã me zoa dizendo que eu não tenho nada para fazer e que eu gasto dinheiro com besteiras". Outro disse que o pai dele fala que skate é coisa de maloqueiro (nessa fala os representantes do skate tradicional ou de dedo aparecem colocados como pertencentes ao mesmo grupo). A garota que participa de competições com o fingerboard se manifestou: "Não é coisa de criança, não, mas existe muito preconceito, porque as pessoas acham que é coisa de criança, mas não é!" A professora retrucou: "Mas você se acha criança? O que significa ser coisa de criança?" A turma ficou bastante agitada com a provocação, mas encerrou a discussão dizendo que cada um tem uma ideia do que é ser "coisa de criança".

Por entender que as crianças possuíam uma visão naturalizada dos discursos sobre a infância que atravessam a prática, a docente retomou a discussão no dia seguinte afirmando que as pessoas veem o skatista por meio das suas vestimentas, da maneira de falar, de seus gestos e estilo de vida. Quem não participa desse grupo pode atribuir um significado negativo a essas características e, quanto menos conhecidas as práticas do outro, a tendência a vê-las de forma negativa é maior. Daí a importância de conhecer bem os praticantes do fingerboard.

Nas pesquisas que realizaram, descobriram que o brinquedo surgiu vinculado ao skate tradicional e era praticado apenas dentro das lojas que comercializavam equipamentos daquela modalidade. No entanto, ao longo de seu processo de popularização, expandiu seu território para as escolas, ruas e, principalmente, para a internet.

Essa descoberta instigou a turma a pensar em adaptações da prática em casa, que poderia virar um skatepark. O tanque poderia ser uma pista, livros seriam palcos e o controle remoto, obstáculo. A própria escola, a partir do momento em que deixa de proibir a prática, torna-se uma rica possibilidade de adaptação. As crianças aprenderam que o fingerboard surgiu exatamente dessa maneira: uma prática que misturou elementos conhecidos, ou seja, uma prática híbrida.

Para elucidar melhor esses importantes conceitos, a professora selecionou um vídeo[12] sobre a pizza de chocolate. A pizza, de origem italiana, é tradicionalmente salgada, porém, ao se popularizar, assumiu novas características e sabores, inclusive a inusitada cobertura de chocolate.

O grupo demonstrou ter entendido a explicação ao mencionar outros exemplos, dentre eles o beyblade. Dois meninos mostraram uma tampinha de garrafa e um CD cortado ao meio como sendo o beyblade, uma espécie de pião que construíram. "De um lado eu tenho um CD, que como está cortado no meio a gente provavelmente não iria utilizar, e uma tampinha de detergente; quando uno esses materiais, tenho o beyblade". A professora constatou que o objeto constituía uma ressignificação de um brinquedo caro a partir de materiais reutilizados.

Com o objetivo de avaliar o efeito dessa discussão, a professora Aline pediu que relacionassem outras

---

[12] O vídeo pode ser acessado pelo site www.youtube.com/watch?v=e5em9tdIJhI.

práticas híbridas e esportes em miniatura. As colocações das crianças foram registradas na lousa.

Práticas híbridas: Arroz-doce // Avião de bexiga // Natureza // Calça jeans // Celular // TV // Comidas // Ventilador de teto // Câmeras fotográficas // Skate de dedo // Bicicletinha // Arco-íris caseiro // Pega-pega americano
Esportes em miniatura: Futebol de botão // Hóquei // Fingerboard // Bingo // Bola de chaveiro // Pebolim // Boneco // Patins de dedo // Boneca // Pião // Bolinha de gude // Carrinho // Casinha

Refletindo sobre esses registros e a necessidade de um fechamento do projeto, a docente propôs outra atividade de problematização sobre os marcadores que apareceram na prática do fingerboard. Além disso, pediu que as crianças levassem outros brinquedos para análise. No encontro seguinte, retomou a discussão sobre os conceitos estudados e colou um cartaz na lousa com os dizeres "Criança não pode – Adulto pode" e, ao lado, um cartaz com os dizeres "Adulto não pode – Criança pode". Explicou que o objetivo era entender as disputas entre representantes infantis e adultos dentro da prática do fingerboard. As crianças que trouxeram brinquedos deveriam explicar como haviam sido construídos, como se brincava e, então, classificá-los, inserindo-os nas respectivas cartolinas com seus próprios argumentos, justificando a escolha.

Após a apresentação, retomou a lista de práticas híbridas e/ou ressignificadas construída pela sala, que também seriam objeto da categorização "de criança" ou "de adulto". O fingerboard e a bicicletinha de dedo foram inseridos nas duas cartolinas, pois meninos e meninas alegaram que tanto criança como adulto os praticam, cada um com um objetivo diferente, ora como esporte de competição, ora como brincadeira na rua. Uma garota citou os patins como coisa apenas de criança porque, para ela, adulto não brinca com essas coisas pequenas. A docente perguntou o que era próprio de criança e que adulto não poderia fazer e o que era próprio para adulto e que criança não poderia realizar.

Disseram que as crianças não podiam: entrar no Bora-Bora[13]; ter filhos; ir para a balada; beber e fumar; trabalhar e viajar. Sobre o que lhes seria lícito, citaram apenas o brincar. Para adulto, um menino disse que não pode brincar porque já passou da idade e aqueles que brincam são adultos com mente de criança ou crianças velhas. Muitos disseram que o adulto tem que trabalhar porque precisa ter dinheiro.

Depois dessas colocações, a professora questionou: Os adultos não brincam? Se não brincam, por que vocês colocaram algumas brincadeiras na cartolina do adulto? É proibido adulto brincar? Por que só a criança pode brincar? Os meninos e as meninas disseram que não há problema nenhum no fato de um adulto brincar, mas que o adulto que brinca é uma eterna criança, ou uma criança velha, por isso colocaram as brincadeiras nos dois cartazes.

Após os comentários, a professora colou na lousa um cartaz com informações sobre colecionadores de brinquedos e miniaturas. Disse às crianças que colecionar poderia ser uma coisa atrativa, pois, já que o adulto tem de trabalhar e ter dinheiro, poderia voltar a ser criança comprando e colecionando miniaturas. Disse também que para os colecionadores essa não é uma prática infantil e que em determinadas lojas a criança é até proibida de entrar. Ela perguntou: Vocês acham que colecionadores são adultos com mente de criança ou crianças velhas? Responderam

---

[13] Boate localizada nas proximidades da escola.

que não, porque era uma coisa em que eles estavam investindo. Ela questionou novamente: Então, quem tem dinheiro pode? A sala ficou em silêncio. Pediu que pensassem no assunto e colou na lousa o último cartaz com informações sobre a empresa Evolve. Um vídeo que apresenta os fingerboarders Lázaro Paz (que tem 14 anos e é diretor do Fingerboard de Volta) e Jarder Muller (adulto). Após assistirem ao conteúdo, a professora perguntou para a turma como poderiam os dois, com idades diferentes, pensar do mesmo modo: "Fingerboard é coisa de adulto".

As crianças discordaram dos praticantes, mas afirmaram que a sociedade pensava dessa forma. A professora perguntou se concordavam em seguir com o projeto, pois, se estavam pensando que fingerboard pode ser uma brincadeira de criança, caminhavam contra a lógica da sociedade. O grupo respondeu que pensava de forma diferente.

No encontro seguinte, a docente propôs a utilização das ferramentas de divulgação dos praticantes do skate de dedo, construindo as *crews* da turma. Em grupos, deveriam criar um logo e produzir vídeos sobre a prática. Na sala de informática foram disponibilizados programas de captura audiovisual e a professora responsável pelo ambiente auxiliou a turma na produção dos vídeos. Foram elaborados doze vídeos que abordavam diferentes temas: manobras, tutoriais, brinquedos híbridos etc.

Após a entrega dos vídeos, o projeto foi finalizado com a criação de uma grande mostra unindo todas as produções, sendo, em seguida, postada na internet. A atividade foi um sucesso, pois as crianças perceberam que sua produção havia sido respeitada e compartilhada.

Com a mão na massa

Pesquisar o universo da cultura lúdica da comunidade
Circule pelo bairro, converse com os professores, os funcionários e as crianças. Procure identificar as brincadeiras que eles acessam. Que brincadeiras acontecem nas praças e parques do bairro? Nos momentos de entrada, saída e intervalos da escola, as crianças brincam como, onde e do quê?

Problematizar as brincadeiras
Uma vez escolhida a brincadeira a ser tematizada, lance questões ao grupo: Como é a brincadeira? Quem participa? Quem organiza? Que papéis os brincantes assumem? Quantos participam? Que regras utilizam? Elas podem ser flexibilizadas? Há falas que acompanham a brincadeira? O que significam? Quais são os gestos característicos? O que significam?

Vivenciar as brincadeiras
Peça às crianças que conhecem a brincadeira que a expliquem ao grupo. Organize a vivência no formato mais próximo possível da explicação. Caso as condições disponíveis não sejam adequadas, estimule a experimentação de alternativas. Reorganize as vivências com as sugestões.

Intercambiar representações sobre as brincadeiras
Converse com as crianças acerca dos papéis que assumem na brincadeira; peça que narrem a própria experiência. Pergunte por que adotaram determinada postura ou procederam de certa maneira. O que significam os gestos, as falas e os procedimentos? Quando será que surgiram? Quem os inventou? E as regras, o que representam? Existem outras regras, formatos e procedimentos? Quem conhece variações da brincadeira?

Aprofundar e ampliar os conhecimentos sobre as brincadeiras
Planeje atividades de ensino que permitam conhecer a história, o contexto, os participantes e as transformações que as brincadeiras sofreram ao longo do tempo. Recorra a livros, revistas, artigos, sites, documentários, entre outras possibilidades. Para ampliar os conhecimentos, organize coletivamente entrevistas ou convide pessoas para conversar com a turma e descrever sua relação com as brincadeiras.

Capítulo 3

Danças

Há muito tempo que os grupos humanos encontram na dança uma forma de expressar ideias, sentimentos, intenções, oferendas, agradecimentos, narrar fatos, manifestar uma opinião, entre tantas possibilidades. A dança é um artefato cultural e um fenômeno estético no qual os grupos humanos se utilizam da gestualidade para dar vazão aos sentidos que atribuem às coisas do mundo, às satisfações e insatisfações. Enquanto forma de expressão, a dança é um produto da cultura profundamente marcado pelas relações sociais.

A análise de uma dança pode indicar, por exemplo, como o grupo que a produziu ou reproduziu se organiza, a hierarquia, o papel atribuído aos homens e às mulheres, suas formas de agradecimento, aproximação, flerte, enfrentamento dos problemas cotidianos, posição social etc. Relações políticas e econômicas, por exemplo, podem ser constatadas nos balés da corte francesa em pleno século XIV e nas práticas urbanas como o break.

Não é exagero dizer que a história da dança perde-se no tempo. Antes mesmo do uso da palavra os grupos sociais articularam gestos e ritmos, viabilizando formas rudimentares de comunicação. O emprego de uma gestualidade compreensível aos semelhantes permitiu desde o estabelecimento de estratégias de sobrevivência até a narrativa de acontecimentos. Isso pode ter levado à fixação de determinadas formas de expressão como maneira de encenar situações recentes ou passadas. A repetição cadenciada pode ter gerado danças específicas como formas de representação de fatos e intenções.

Embora seja praticamente impossível identificar uma determinada origem, há algum consenso em que o seu surgimento esteja atrelado a celebrações de caráter religioso de diferentes povos. Durante as cerimônias rituais, os gestos eram concebidos como uma forma de ligação com os deuses devido às sensações que provocavam. É interessante notar que a busca de êxtase através da dança continua presente nas festas embaladas por música eletrônica ou em celebrações de diversas religiões.

Enquanto artefato cultural, entender ou produzir uma dança implica dominar os códigos empregados pelo grupo no qual está inserida. A dança é um texto elaborado por quem dela participa, podendo estar submetido ou não à significação dos sujeitos que ocupam a posição de espectadores.

Acompanhando as transformações da sociedade, a dança muda constantemente, de modo a expressar os valores em voga por meio da linguagem corporal. As tentativas de preservação de construções estéticas anteriores também não podem ser descartadas; é o que permite a convivência do folclórico, do clássico, do moderno e do contemporâneo.

Na Antiguidade o sentido predominante era mítico, sagrado. A dança atrelava-se às oferendas e às graças necessárias à sobrevivência do grupo. Na Idade Média, as danças foram cercadas de proibições por recorrerem às expressões corporais que, naquele contexto, eram interditadas pelos desígnios da Igreja Católica. Todavia, à medida que os impedimentos foram se enfraquecendo, as danças passaram a representar a unificação entre o social, a realidade e a fuga das mazelas da vida cotidiana.

Entre a Antiguidade e a Idade Média, as danças populares, mesmo que provindas de diferentes grupos sociais, misturavam-se às práticas corporais dos setores aristocráticos. É sobretudo no Renascimento que ocorre de fato uma diferenciação entre o que é e o que não é do povo. Enquanto o balé clássico tornou-

-se a dança das elites, outras foram negligenciadas; é o caso de muitas danças típicas do campo, que permanecem até os dias atuais nessa condição.

Parece claro que, com o decorrer do tempo, os significados foram ampliados. Aos poucos, o sentido religioso inicial atribuído à dança foi sendo abandonado, fazendo com que ela pudesse também se tornar profana. O sagrado faz parte da crença religiosa de um grupo social; é presentificando-se nas cerimônias religiosas que se busca a ligação entre o homem e sua divindade. Por sua vez, as danças profanas fazem parte do cotidiano pagão, sendo comumente encontradas em diversas comemorações. O sagrado e o profano constituem duas formas de ser no mundo que se opõem e, ao mesmo tempo, complementam a vida dos indivíduos.

As danças folclóricas são fruto da migração das danças religiosas dos templos para as praças públicas. Os ritos que antes eram permitidos somente aos iniciados passaram a fazer parte do universo simbólico de uma população cada vez maior. Assim, as práticas corporais religiosas adotaram um caráter popular, o que gerou uma mudança paradigmática da dança. Com o tempo, a ligação entre as danças e os deuses diluiu-se e adquiriu um caráter folclórico. Um aspecto digno de nota é que, durante muito tempo, a dança permaneceu como privilégio masculino. Ainda hoje, em algumas danças folclóricas as mulheres não participam e, em outras, assumem um papel passivo.

A partir do século IV a dança passa a ser condenada pela Igreja Católica, com severos castigos para quem desobedecesse. Mesmo assim, muitos povos continuaram a dançar, como forma de amenizar a rotina diária. Entre os camponeses, as danças realizadas nas festas guardavam fortes vestígios de paganismo.

A Idade Média limitou o espaço da dança em função do clima de instabilidade e do contexto de proibições eclesiásticas. Apenas aquelas relacionadas à religião eram permitidas. Já no Renascimento teve início um movimento não mais ligado à Igreja, mas relacionado à arte como símbolo de riqueza. É nesse período que surge o balé na Itália, significando "bailar". Graças à ênfase no valor religioso, a dança medieval não era vista como forma artística.

Inicialmente, o balé compreendia variadas apresentações de declamação, canto, música e dança. Aos poucos, além de suprimir tudo o que não fosse a dança, o vestuário modificou-se, deixando o bailarino com maior liberdade para a expressão da gestualidade.

A dança deixou o espaço público e ganhou o interior das residências da elite e, finalmente, adentrou as salas de apresentação. Acompanhando o movimento da época, o balé abordava histórias românticas. Os deuses deram lugar às ninfas e fadas, negando a representação da realidade para exaltar o amor e os sonhos. A estrutura estabelecida permitia a execução precisa de passos e sequências de gestos ao som de música clássica. Surgem as sapatilhas de ponta e saias de tule, ornamentos utilizados até hoje.

Sob influência da Modernidade, a dança foi codificada com base na racionalidade científica. O pensamento mecanicista dominado pela concepção de homem-máquina levou à sistematização do balé clássico e ao seu academicismo. A dança se tornou mecanizada nas sociedades ocidentais por todo esse período. O bailarino expressaria seus sentimentos e pensamentos com gestos padronizados. O balé clássico tornou-se o referencial erudito e desfrutou de grande hegemonia em variados setores da sociedade. Trata-se de um marco na história da dança pela visibilidade concedida às bailarinas, cuja dramaticidade e virtuosidade encantavam o público burguês e cristão. Nos meios populares as danças eram outras, mas seus gestos, em certa medida, foram ressignificados e codificados pela dança clássica.

Lentamente, ao longo do século XIX os dogmas das artes, ciências e religiões foram postos em questão. Após as rupturas que marcaram o período de 1910 a 1930, as sociedades ocidentais passaram a utilizar uma nova linguagem para expressar necessidades e sentimentos. Como o balé clássico não representava o que se vivia, teve início um movimento contra a formalização do aprendizado da dança, que procurava uma nova relação com a vida real, buscando valorizar a consciência dos movimentos.

A dança moderna provém da contestação e rejeição do rigor acadêmico e dos artifícios metodológicos do balé clássico. Fundamentou-se em uma nova relação com a vida real, tendo como inspiração a natureza e a liberdade de expressão, como decorrência da conscientização de que era necessário extrapolar a cópia e a mímica. A dança moderna aprimorou métodos que permitiram a expressão corporal de sentimentos, ideias e experiências de vida. Inversamente ao pressuposto clássico, a dança moderna caracterizou-se por referenciar os gestos nos próprios sujeitos.

Nas primeiras décadas do século XX, quando a dança clássica e a moderna passaram a dividir o espaço e as preferências do público, não foram poucas as críticas. A régua com que se mediam a precisão e os códigos do balé clássico simplesmente não poderia ser empregada na dança moderna. Afinal, enquanto o bailarino clássico procura elevar-se nas pontas dos pés, o bailarino moderno preferia um plano mais baixo, próximo ao chão.

Acompanhando o movimento de profissionalização, em meados do mesmo século surge a dança contemporânea. Baseada numa mistura de linguagens artísticas e ressignificação de outras práticas corporais, sua criação coreográfica caracteriza-se por um processo de hibridização cultural. Escapando da formalidade do balé, a dança contemporânea aparece como alternativa para narrar acontecimentos variados, proporcionando ao espectador uma perspectiva diferente das questões corriqueiras ou dos problemas mais complexos. Fatos pitorescos ou políticos, engraçados e tristes, engajados ou apaziguadores, tudo pode ser traduzido em gestos embalados ao som de diferentes ritmos, com ou sem música. Na dança contemporânea, a percussão corporal também é evidenciada.

A ideia não é explicitar uma mensagem, mas levar o espectador a atribuir significados à gestualidade apresentada com base no seu próprio referencial. O mesmo acontece com quem está dançando. Não há códigos que restrinjam os signos produzidos por sua linguagem corporal. Inexiste um alfabeto correspondente; tudo é criação.

Cada coreografia contemporânea contém muitas mensagens a serem repercutidas por quem delas participa ou as presencia. O processo pode ser dividido em três fases: na elaboração, vigora o ponto de vista do criador; durante a preparação, os dançarinos fazem a releitura; na apresentação, a assistência faz suas significações comumente traduzidas em palavras trocadas com quem está assistindo ao espetáculo.

A enorme variação dificulta qualquer classificação da dança contemporânea. A temática pode ser ampla o suficiente para abarcar tudo o que interessa às pessoas em geral, ou bastante restrita, envolvendo um grupo específico. A quantidade de participantes, o emprego de técnicas corporais, a composição dos cenários, os locais e o tempo de apresentação estão entre as indefinições dessa prática cultural.

Todavia, é importante que se diga que tanto a dança clássica como a moderna e a contemporânea têm suas origens na cultura erudita, a partir de uma reconfiguração dos elementos da cultura popular.

Na atualidade, a noção de dança abarca uma quantidade enorme de estilos ritmados, ou não. Cada qual, pode-se dizer, representa o grupo cultural que lhe deu origem e se articula com determinados objetivos, sejam eles estéticos, terapêuticos, profissionais etc. Dentre as mais conhecidas, há danças étnicas, ligadas a determinados povos, com sentido religioso ou não, podendo ser identificadas com uma determinada região, como a valsa, a rumba e o tango; há danças folclóricas, que fazem parte das tradições de um determinado povo, comumente desenvolvidas em grupos e transmitidas de geração a geração. Entre outras, as danças que têm lugar em festas específicas ilustram esse conjunto; há danças recreativas ou sociais, presentes no cotidiano e nas mídias, sendo suscetíveis à moda. A dança de salão, a lambada, o funk e o axé possuem essas características; há danças artísticas, cujo objetivo é a apresentação para o público, tal como o balé clássico, o sapateado e o jazz; também há danças hedonistas, mais frequentes em eventos coletivos, como as raves; e, finalmente, há danças de sedução, como a pole dance, cujo objetivo é aproximar as pessoas.

Em que pese o reconhecimento dessa tipologia, há autores que denominam contemporânea a maior parte das danças que possuem como elemento básico a preocupação de expressar, relatar, denunciar temas e problemas sociais, divertir, ocupar o tempo etc. e, por característica, a exploração de infinitas possibilidades de utilização do espaço, pela alternância e variação de técnicas, além do posicionamento dos bailarinos como leitores e criadores dos gestos.

Mas nem tudo é dança. Para diferenciá-la de outras práticas corporais é necessário ater-se aos seus elementos constituintes: a música[14] e o ritmo; a gestualidade; e a relação com o espaço.

A música exerce simultaneamente as funções de apoio e estímulo à dança. Em geral, o ritmo da dança mantém uma relação direta com o ritmo musical, servindo este de apoio para aquele. A dança também pode ter seu próprio ritmo sem que seja necessária uma relação mais próxima com a música. Tida como pano de fundo e não como o elemento principal, a música embala e encadeia a gestualidade, sem que seja necessário pensar sobre o que se está fazendo ou seguir uma determinada cartilha. Em se tratando de dança contemporânea, o foco é a comunicação de um tema através da linguagem corporal, sem uma vinculação direta com uma forma específica de execução.

O importante diálogo entre a gestualidade livre e a música leva a pessoa a expressar-se com espontaneidade e a experimentar novas vivências consigo e com os outros e, o que é mais importante, o posicionamento como sujeito do processo, como autor de um texto original que poderá ser significado por outrem.

Na dança, o gesto transcende a visão utilitarista da técnica. Congrega ao mesmo tempo uma dimensão singular, porque cada gesto é único, e comunicativa, devido ao teor expressivo. As formas prontas, disponibilizadas principalmente pela mídia, quase sempre chegam desprovidas de sua história, o que dificulta a compreensão e estimula a simples reprodução. Por isso a leitura e a análise são ações importantes e devem preceder a execução.

---

[14] Apesar da existência de espetáculos de dança sem música, as obras consultadas para a elaboração deste capítulo fazem menção explícita a ela como elemento constituinte. Ao mesmo tempo, consideram que as apresentações sem música podem também ser vistas como dramatizações.

Outro elemento importante da dança é a relação com o espaço. Na trajetória histórica descrita anteriormente foi possível perceber que do ambiente público a dança migrou para palácios e salas de apresentação. Na segunda metade do século XX, sobretudo em Nova York, a dança retorna às ruas e invade outros locais. O cotidiano vira alvo e inspiração e a formação de bailarinos transcende a sala de aula.

O surgimento de novos espaços de ocorrência da dança diversificou as possibilidades de expressão, além de aproximá-la das pessoas. Esse período também instigou a improvisação, retomando o aspecto lúdico, que, por vezes, esteve afastado. A dança não abandonou os cenários tradicionais, mas deixou de submeter-se a eles. Isso contribuiu para sua democratização. O que hoje se vê é a utilização de outros ambientes. Não mais restrita às academias, teatros e salões de baile, a dança retomou as praças, parques e ruas, e apossou-se de, entre outros, centros culturais, hospitais, condomínios, igrejas, residências, fábricas e escolas.

As danças na escola

A escola é uma das instituições responsáveis pela construção e reconstrução crítica do patrimônio cultural disponível na sociedade. Sendo a cultura o conteúdo da educação e a linguagem um dos seus aspectos, as práticas produzidas pela linguagem corporal, entre elas a dança, devem ser transformadas em temas de estudo.

Tematizar a dança na escola não significa selecionar um estilo ou uma coreografia específica e apresentá-la às crianças para que seja memorizada e reproduzida. O desafio se apresenta na leitura crítica da sua ocorrência social, isto é, dos seus contextos de produção, manutenção, transformação etc. As atividades didáticas devem prever situações de estudo e análise histórica da modalidade, as razões de suas transformações, a compreensão do seu significado no contexto social de origem e, finalmente, as crianças precisam ser convidadas a descobrir e sugerir suas próprias formas de dançar, pois, levando-se em consideração o que foi dito anteriormente, a prática formal da dança é uma característica de outros grupos sociais, que em pouco ou nada se assemelham ao público escolar.

No ambiente educativo é fundamental preservar o aspecto lúdico da dança, dada sua finalidade comunicativa das emoções, sentimentos e ideias por meio da linguagem corporal. É possível depreender um grande potencial expressivo da gestualidade.

Há que se fugir da tentação de qualificar os gestos produzidos pelas crianças de certos ou errados, de focalizar a quantidade ou a melhora do rendimento. O objetivo é fomentar o diálogo por meio das danças de cada grupo, concebidas como produtos culturais. Se ao gesto se atribui um significado, é primordial elaborar e desenvolver situações didáticas que ajudem as crianças a ler a gestualidade que caracteriza as danças, independentemente do estilo. São ocasiões importantíssimas para compreender as identidades dos diversos grupos que produziram e reproduziram a prática corporal objeto de estudo.

As ações pedagógicas devem adotar como ponto de partida o universo cultural dos grupos que chegam à escola, para que, pela socialização e ampliação de saberes, sejam criadas condições para a elaboração de outras significações das danças conhecidas – e das desconhecidas também, e seus respectivos modos de produção.

Tematizar a dança na escola é um ato dinâmico e permanente de conhecimento centrado na descoberta, análise e transformação da realidade por aqueles que a vivenciam. Com isso, persegue-se não só a valorização identitária, como também a ampliação cultural e o reconhecimento das diferenças, promovendo um diálogo que contribuirá para a construção de um autoconceito positivo e respeito com o outro — elementos indispensáveis a uma relação verdadeiramente democrática.

Numa visão de educação que compreende a escola como espaço determinado socialmente para a produção, reconstrução e ampliação cultural, são indispensáveis experiências pedagógicas que viabilizem a tematização de danças presentes na comunidade, nas mídias, na região etc., visando promover uma reflexão acerca das diversas formas de representação veiculadas e oferecer a cada criança a oportunidade de se posicionar como produtora de cultura corporal.

A articulação das danças cultivadas na comunidade com aquelas pertencentes aos grupos mais afastados, sem hierarquizá-las, embora mostrando o que as distingue, deixa claro que o importante é que todos se reconheçam enquanto sujeitos históricos. Ao processo educativo cabe enfatizar que todas as danças são artefatos culturais. E mais: um professor comprometido, mostrará como os homens e as mulheres construíram historicamente suas formas de dançar, que, por ser resultado de suas ações, o acesso a elas é direito de todos, e que a escola tem por dever socializá-las.

Considerada a infinidade de danças existentes, sugere-se que durante a vida escolar diferentes danças sejam tematizadas. Uma vez que se pretende valorizar a pluralidade por meio do reconhecimento e estudo do patrimônio cultural, convém eleger as práticas corporais a partir de uma análise cuidadosa do repertório disponível. É fundamental que ao longo do currículo sejam estudados vários estilos conforme a localidade de origem, o tempo histórico, o significado atribuído, entre outras categorias. Uma seleção atenta, seguida de leitura, aprofundamento e ampliação dos saberes culturais, permitirá o reconhecimento da heterogeneidade social e a valorização da diversidade da cultura corporal.

Há que se atentar também para que as ações didáticas não incorram na homogeneização ou uniformização da diversidade cultural apresentada pelas crianças, bem como dos resultados das suas aprendizagens. Muitas vezes, as intervenções pedagógicas buscam amparo em uma noção distorcida de igualdade, tendendo a tratar todos da mesma forma e objetivar, pela ação educativa, o alcance de comportamentos idênticos. É o que ocorre quando se reproduzem na escola os procedimentos que caracterizam as aulas de dança tal como elas acontecem nos clubes e academias. Mormente, o resultado é o privilégio atribuído àqueles que dispõem de experiências rítmicas acumuladas, o que só faz reforçar certas identidades e minorar outras.

A fim de reconhecer as singularidades, com base nas experiências que as crianças possuem em uma determinada dança, o professor poderá promover um debate com a intenção de identificar diferenças nas leituras das crianças, estimular a verbalização dos variados pontos de vista, ouvir e discutir os posicionamentos emitidos, apresentar sugestões, disponibilizar novos conhecimentos oriundos de pesquisas em diversas fontes de informação e recriar a dança abordada com a intenção de posicionar as crianças na condição de autoras de produtos da cultura corporal.

Após a vivência da dança no formato disponível socialmente, as crianças devem ser estimuladas a sugerir transformações para adequá-la às características do grupo: quantidade de participantes, funções assumidas durante a vivência, atenção às diferenças individuais, respeito pelos limites pessoais etc. Uma ação didática que reconhece os diferentes repertórios de chegada das crianças confronta-as com a temática em tela e modifica a tipologia de relações, amplia os conhecimentos iniciais, facilita o acesso a outras representações e contribui para a produção de novos artefatos culturais.

Outra recomendação importante no trabalho pedagógico com a dança consiste na sua análise sócio-histórica, adotando a prática social como ponto de partida. O que implica a compreensão e posicionamento crítico com relação ao contexto de produção e reprodução. A viabilização desse processo leva em conta tanto as experiências pessoais referentes ao tema em estudo quanto os conhecimentos e representações veiculados por fontes de informação disponíveis: meios de comunicação de massa, obras específicas, relatos pessoais etc.

A condução de atividades de ensino pautadas na ancoragem social, ao tratar respeitosamente todos os posicionamentos acessados, potencializará o diálogo entre o senso comum, a cultura acadêmica e os conhecimentos transmitidos de variadas maneiras. Isso ajudará as crianças a desvendar os discursos que legitimam determinadas danças e desqualificam outras. Permitirá, também, superar a alienação provocada pela veiculação de informações distorcidas ou fantasiosas, além de reconhecer e adquirir uma nova visão sobre os saberes corporais disponíveis, sejam eles socialmente valorizados ou marginalizados.

A tematização das danças segundo os princípios apontados promoverá um ambiente pedagógico favorável à participação equitativa das múltiplas identidades e a apropriação crítica dos conhecimentos, aspectos fundantes de uma escola comprometida com a construção de uma sociedade menos desigual. Caso não sejam analisadas e compreendidas as relações hierarquizantes que caracterizam as danças e a forma como são socializadas, ou se não houver uma reflexão rigorosa sobre as estratégias empregadas para legitimar certas práticas corporais e discriminar outras, será mais difícil formar sujeitos sensíveis à diversidade e comprometidos com relações democráticas.

Orientações didáticas

Rompendo com a tradição que atribui ao trabalho pedagógico com a dança uma característica exclusivamente prática, a concepção aqui defendida amplia o leque de possibilidades da ação didática, incluindo, também, não só a vivência como a tematização dos diversos saberes relacionados à prática corporal, que se configuram como patrimônio cultural dos variados grupos que constituem a sociedade contemporânea.

Veja-se o seguinte exemplo: é possível afirmar que o samba é um dos elementos que compõem o patrimônio da cultura corporal de uma parcela considerável da população brasileira. Há, no entanto, que se considerar as diferenças regionais e locais. Assim, provavelmente, as crianças que residem nas proximidades de uma escola de samba, que possuem familiares envolvidos com essa prática ou que, mesmo à distância, acompanham esporadicamente os desfiles carnavalescos, possuirão níveis diferenciados de conhecimento. É possível perceber, ainda, a existência de crianças conhecedoras e amantes do samba, que vivenciam sua prática (em casa ou nos eventos sociais), apreciam a música, se interessam por um determinado conjunto ou cantor etc. A partir daí, não é difícil identificar diversos níveis de apropriação dessa dança pelas crianças, além de uma enorme variedade de conhecimentos e representações que circulam sobre o tema. Mesmo sem saber sambar, é bem provável que algumas crianças saibam muitas coisas sobre o samba.

É fundamental que o trabalho pedagógico com as danças passe pelo reconhecimento das diferenças existentes entre as crianças para, a partir delas e dos saberes culturais construídos fora dos muros escolares, desenvolver condições de equidade sociocultural. Em outras palavras, posturas como desconsiderar a cultura de chegada na escola ou apresentar/discutir apenas as danças tidas como adequadas ao ambiente, consequência de um modelo pedagógico que valoriza o referencial cultural hegemônico, precisam ser submetidas à análise e substituídas, em nome da diversidade cultural presente na sociedade, de forma consoante com os princípios de direito à diferença e à multiplicidade cultural, tão caros à instituição educativa contemporânea.

Tome-se como ilustração o caso do funk. Um olhar desatento à variedade de conteúdos que o caracteriza pode gerar a falsa impressão da exclusividade de letras de cunho erótico. Isso pode soar como reducionismo. Há o funk carioca, funk melody, new funk, funk gospel, techno, pancadão, batidão e por aí vai. Tal como se verá no relato de experiência adiante, o trabalho pedagógico com a dança, inclusive o funk, requer uma análise crítica dos significados que se disseminam por meio da gestualidade e do conteúdo das letras. Essa postura afasta por completo a mera reprodução do formato que caracteriza a dança nos seus locais de ocorrência.

As atividades pedagógicas devem proporcionar situações nas quais seja possível reconhecer as danças pertencentes ao patrimônio cultural das crianças, vivenciá-las na escola, analisá-las de maneira crítica e buscar ampliar o rol de conhecimentos sobre elas. O mesmo deve ser feito em relação às danças que as crianças não conhecem, mas precisam saber que existem ou já existiram. Consequentemente, são consideradas objetos de estudo todas as danças, do funk ao forró, passando pelo xote, catira e frevo.

Nesse sentido, tenciona-se fazer "falar" a voz de várias culturas que coabitam a sociedade brasileira contemporânea, além de problematizar as relações de poder presentes nas questões de gênero, etnia, religião, classe, idade, consumo, local de moradia, tempo de escolarização, ocupação profissional etc. que costumeiramente marcam as danças.

Dado que o processo de hierarquização social, por vezes, posiciona certos estilos como desejáveis enquanto outros são praticamente proibidos no espaço escolar, é importante analisar os motivos que levaram determinadas danças à atual condição privilegiada e os fatores que podem ter influenciado na desqualificação de outras.

Evidentemente, isso implica busca pela explicitação das possibilidades e limites oriundos da realidade sócio-político-cultural e econômica enfrentada pelos cidadãos no seu cotidiano, que condicionam e determinam a construção, permanência e transformação das danças. Ou seja, trata-se de analisar como determinado estilo é socialmente representado. Com isso se quer dizer que a influência das mídias, dos movimentos sociais, da luta de determinados grupos em defesa da própria cultura, e até mesmo da escola na disseminação de certas danças, não pode passar despercebida.

Não deixa de ser interessante discutir com as crianças as transformações nas representações do samba ao longo do século XX: de ritmo proibido em lugares públicos até a atual condição de símbolo nacional. Da mesma forma, a visão que formamos da quadrilha junina, com suas falas, gestos, caricaturas, vestimentas e música, precisa ser debatida.

Tematizar as danças pertencentes ao universo cultural da comunidade, embora fundamental, não é suficiente para levar as crianças a assumirem a posição de produtores culturais ao invés de simples consumidores. Para tanto, as ações didáticas deverão incluir situações de leitura e vivência, seguidas por ressignificação, aprofundamento e ampliação.

A criança, ao entrar em contato com as danças de outros grupos ou indivíduos e contemplá-las, experimenta a condição de leitora movida pela busca de compreensão de seu significado. Ao apreciar uma dança, a criança dialoga com ela e com o contexto em que ambos estão referenciados. Relaciona-se com os signos que a compõem e elabora uma compreensão dos seus sentidos, procurando reconstruir e apreender sua totalidade. Nessa relação, articula a experiência nova provocada pela relação com o que vê (de estranhamento, alegria, surpresa, assombro, inquietação), com a experiência pessoal acumulada por intermédio da interação com outras danças pertencentes aos espaços familiares, escolares, comunitários etc., trazendo ainda o seu ponto de vista para completar sua significação. A contemplação é um ato de criação, de coautoria. Aquele que aprecia algo continua a produção do autor ao tomar para si o processo de reflexão e compreensão.

No contexto pedagógico, a apreciação como ato de criação, e não como atitude passiva ou olhar conformado que apenas reproduz, é acompanhada de uma ressignificação, de uma apropriação. É por isso que as crianças devem ser estimuladas a criar as próprias danças e experimentar a sensação de dançá-las. A apresentação de outras referências, desde a história da dança até vídeos contendo coreografias alternativas, potencializará a apropriação do significado daquela prática corporal em outras épocas e momentos históricos ou em outros contextos, o que fará com que as crianças estabeleçam certa intimidade com a dança enquanto produção cultural.

Não há como se constituir em autor crítico e criativo sem acessar uma pluralidade de referências, com liberdade suficiente para opinar, criar relações, construir sentidos e conhecimentos. A ampliação das experiências pedagógicas pelas quais se produziu e reproduziu uma determinada dança, fazendo circular diferentes representações sobre ela, é base fundamental para o processo de criação, pois alarga o acervo de conhecimentos relativos às características e seu funcionamento, bem como amplia a rede de significados e modos diferenciados de comunicabilidade e compreensão por meio da linguagem corporal.

Não há limites, nem tampouco restrições, em relação às fontes de informação. A vivência e o estudo de uma dança que as crianças tenham visto na televisão, por exemplo, pode transformar-se em uma excelente oportunidade para ressignificá-la. A mudança no modo de ver uma determinada prática implica, obrigatoriamente, o acesso a outras representações através das atividades de ensino que incluem a assistência a vídeos, rodas de conversa, leituras, entrevistas, visitas aos locais de prática, entre outras possibilidades.

Por sua vez, o aprofundamento dos conhecimentos a respeito de uma dança será possível mediante a compreensão sócio-histórica e política. É importante que, na medida do possível, as crianças conheçam a origem da dança, suas modificações ao longo do tempo e os significados que lhe foram atribuídos pelos grupos que a produziram e reproduziram.

Essa proposta não se confunde com os exercícios de técnicas ou cópias de modelos visando a aprendizagem de determinados passos, ou com atividades que potencializam o desenvolvimento de outros domínios do comportamento. Qualquer dança, se entendida como patrimônio cultural no qual a linguagem corporal se expressa, perderá o sentido se for utilizada para desenvolver a coordenação motora ou melhorar a atenção e o autocontrole.

A perspectiva aqui defendida parte do princípio de que a criança, desde bem pequena, interage com a cultura corporal presente no seu entorno. Uma vez que um dos objetivos da tematização das danças na escola é compreender e respeitar as diferenças, é imprescindível que a criança veja, reconheça, sinta, experimente e atue sobre as danças. É fundamental que tome contato com as produções de diferentes épocas e grupos sociais, tanto as pertencentes à cultura popular quanto as consideradas da cultura erudita.

Os indivíduos se reconhecem e se diferenciam a partir do outro. Por isso, as atividades devem permitir que todas as crianças participem, se divirtam e aprendam, independentemente das características individuais. Assim sendo, é importante que os educadores tenham, como princípio norteador, a convivência social inclusiva, que incentivem e promovam a criatividade, a solidariedade, a cidadania e o desenvolvimento de atitudes coletivas.

Relato de experiência: tematizando o funk na educação física

Este trabalho foi realizado pelo professor Marcos Ribeiro das Neves em uma escola municipal de Ensino Fundamental, localizada na Zona Norte da cidade de São Paulo, no bairro da Vila Maria. A unidade atende cerca de 630 estudantes em dois turnos. O projeto foi desenvolvido com a turma do 5º B, no período da tarde, durante aproximadamente três meses.

A seleção do funk como objeto de estudo deveu-se a alguns motivos. Inicialmente, o docente colaborava com o grêmio estudantil e uma das propostas da chapa eleita naquele ano era incrementar o sistema de som durante o recreio, conforme a preferência das crianças. Porém, em determinado momento, as músicas de funk passaram a ser vetadas pela equipe gestora, composta pela coordenação pedagógica e pela direção. Além disso, afixaram na porta da sala de música um cartaz que dizia: "Proibido tocar funk".

Outra razão que o levou a selecionar o estilo como tema foi a percepção da existência de muitos estudantes que eram MCs de funk (cantores). Em conversas durante as reuniões do grêmio, disseram que as danças naquela escola limitavam-se às festas e as crianças jamais tiveram a possibilidade de decidir o que dançariam.

Por último, na reunião para planejamento que acontece no início do ano, foi definido pela equipe gestora e pelos professores que o tema da Feira Cultural, um evento fixo do calendário escolar que ocorre todos os anos no mês de outubro e envolve a comunidade, e o tema do Projeto Especial de Ação, que consiste no trabalho colaborativo de todas as turmas do mesmo ano, seria "Diversidade cultural e globalização", pois, na avaliação do corpo docente, a comunidade escolar reunia grupos bastante distintos sob o ponto de vista étnico, religioso, de ocupação profissional, tempo de escolarização, orientação sexual etc. Um dos aspectos mais destacados foi a presença cada vez maior de estudantes estrangeiros cujos pais trabalhavam nas tecelagens do centro da cidade. Sendo assim, os diversos anos escolares deveriam selecionar temáticas de estudo congruentes e capazes de gerar produtos que comporiam o rol de apresentações durante o evento.

Outras metas da unidade foram discutidas, elencadas e consideradas pelos professores nos seus planos de ensino: trazer a comunidade que vive no entorno para o interior da escola e trabalhar com o protagonismo juvenil. Como se verá adiante, tais elementos foram fundamentais na organização das atividades desenvolvidas pelo professor Marcos.

Na opinião do docente, o contexto mostrou-se bastante propício para a tematização do funk. Recordemos que tematizar significa abordar algumas das infinitas possibilidades que podem emergir das leituras da ocorrência social da dança. Tematizar implica procurar o maior compromisso possível do objeto de estudo em uma realidade social, cultural e política. O que se pretende com a tematização é a compreensão profunda da realidade em foco, além de desenvolver a capacidade crítica das crianças enquanto sujeitos da cultura.

A decisão levou o professor a enveredar por um tema para o qual ele tinha, até então, poucas informações, apenas o que circulava nas mídias. Sentia-se inseguro e invadido por uma sensação de incerteza. Apesar da indecisão sobre como iniciar o trabalho, sabia que a escolha era uma grande oportunidade para aprender com as crianças. À medida que o trabalho se desenrolava, o docente sentiu a necessidade de estudar o assunto e ampliar seus conhecimentos, a fim de obter um maior suporte no momento de organizar as atividades de ensino.

Qual não foi a surpresa dele ao deparar-se com discursos preconceituosos em relação à etnia proferidos pelos estudantes assim que souberam que estudariam o funk. O professor atribuiu o fato à histórica valorização das práticas corporais euro-americanas no currículo escolar. Na escola, aquelas crianças conheceram apenas brincadeiras, danças e esportes oriundos do hemisfério norte. Diante dessa hegemonia, era compreensível a reação de algumas crianças; afinal, todas são interpeladas por discursos pejorativos abarcando a dança e seus representantes.

Para iniciar o trabalho, o docente mapeou o patrimônio cultural das crianças. Solicitou que mostrassem uma ou duas músicas que gravaram no celular e gostavam de ouvir. Caberia aos colegas reconhecer o estilo. Grande parte dos ouvintes mencionou o funk. Para identificar as representações que acessavam, o professor passou a questioná-los sobre o que era o funk. Lançou perguntas acerca da origem da dança, lugares para dançar, cantores etc.

Após registrar as informações obtidas na lousa e transcrevê-las no próprio caderno, o professor solicitou que, no dia seguinte, trouxessem algum CD ou DVD de funk, caso possuíssem, ou baixassem as músicas no celular. A escolha desses recursos deveu-se ao fato de a maioria da turma ter mencionado que costumava ouvir e dançar funk em casa. Os materiais também permitiriam o envolvimento de todos na escuta e análise das letras e imagens, além da possibilidade de ressignificar a prática corporal.

A partir dos registros do mapeamento dos conhecimentos e representações, e após coletar alguns dos materiais levados pelas crianças, o professor elaborou o plano de ensino. Para tanto, levou em consideração as informações obtidas mediante o estudo da dança e sua própria experiência naquela escola e elaborou os seguintes objetivos:

- Reconhecer e vivenciar a pluralidade musical e a diversidade das danças presentes na comunidade.
- Analisar textos pertencentes às diversas esferas literárias concernentes à dança, a fim de aprofundar os conhecimentos veiculados durante as vivências.
- Vivenciar processos de criação e improvisação da dança.
- Elaborar e participar de pequenas coreografias a partir das danças presentes na comunidade.
- Mediante as vivências e situações didáticas, relacionar a dança ao contexto em que é produzida e reproduzida.

Para avaliar o desenvolvimento do trabalho, o professor analisou os dados obtidos durante o mapeamento, além dos registros escritos, fotos e filmagem das aulas. A construção de paródias — um dos produtos elaborados pelas crianças — também serviu como instrumento de avaliação.

Levar a cultura popular para dentro da escola e transformá-la em tema de estudo, no entanto, causou certo constrangimento para alguns professores e funcionários. O professor teve que ouvir muitas palavras de desaprovação. Tão logo começaram as vivências, percebeu que a prática corporal escolhida incomodava muitas pessoas por razões como o conteúdo das letras, a gestualidade da dança, mas, principalmente, o receio dos efeitos do contato com o funk sobre as crianças. Os discursos preconceituosos que emergiram explicitavam a concepção monocultural que atravessa a escola, pois, segundo os queixosos, ali não era espaço para se estudar funk, uma "música que fala coisas ruins". Mesmo enfrentando divergências, o trabalho prosseguiu.

No dia programado para ouvir as músicas selecionadas pelos estudantes surgiram questionamentos sobre qual tipo de funk representavam. A primeira música que ouviram foi por eles classificada como "batidão", um gênero de funk que fala sobre a realidade vivida pelas pessoas da comunidade. Convidados a dançar, fizeram uma roda e, individualmente ou aos pares, demonstraram alguns passos de forma espontânea. Socializando seus conhecimentos, cada qual apresentou o que sabia. Alguns dos passos realizados foram identificados pelas crianças segundo a sua nomenclatura: psy, jacaré e frevo.

Naqueles primeiros momentos, a sala de aula foi o lugar escolhido para as vivências. A opção tinha como objetivo deixar a turma mais tranquilas para que pudessem se desinibir, principalmente as meninas, que se sentiam envergonhadas de dançar no pátio da escola devido aos olhares de alguns funcionários que moravam no mesmo bairro, conheciam seus familiares e haviam dito que comentariam o assunto, sobretudo nos casos das crianças pertencentes a determinados grupos religiosos.

No dia seguinte, antes do início das aulas, a mãe de uma das crianças procurou o professor para saber os motivos de se estudar funk. Após explicar-lhe o projeto da escola, os problemas cotidianos desencadeados pela diversidade presente na instituição e os objetivos da tematização do funk, ela se sentiu mais aliviada e pareceu entender todo o esforço e preocupação na abordagem do assunto. Se a escola tivesse proposto uma reunião de pais na primeira semana e os docentes pudessem ter explicado os projetos que realizariam com cada turma, certamente as coisas seriam mais fáceis.

Para lidar com alguns discursos de preconceito que emergiram na hora do mapeamento, o professor programou e desenvolveu atividades de aprofundamento. Estudaram a história do funk e analisaram um vídeo do James Brown, cuja produção artística teve uma grande contribuição para a música negra nos Estados Unidos, com destaque para o funk. A turma também leu e discutiu um texto que discorria sobre a origem do funk na igreja e toda a sua história, incluindo a luta política que os negros travaram na segunda metade do século XX. A música era uma das formas de protesto. O vídeo foi o disparador de um debate sobre a diferença entre os passos naquela época e os atuais, bem como sobre as transformações que a dança sofreu quando chegou ao Brasil.

Durante a atividade muitas crianças disseram que não imaginavam que o funk tivesse nascido na igreja e que existiam diferentes formas de dançá-lo. No final, um menino disse que considerava importante a discussão sobre os negros, o que levou o professor a iniciar uma problematização sobre o que significa ser negro na atual sociedade.

As crianças foram estimuladas a analisar frases como "A coisa está preta"; "Amanhã é dia de branco", entre outras. Durante a discussão foram abordadas as representações do negro na sociedade e no funk. Chegaram à conclusão de que, talvez, o preconceito que envolve o funk seja decorrente da sua origem na comunidade negra, algo que continua presente nos dias atuais.

Na continuidade do projeto, as crianças levaram CDs do MC Catra e MC Lon, o que permitiu que suas músicas fossem ouvidas e seus conteúdos analisados com a ajuda do professor. Durante as vivências, os estudantes dançaram ao seu modo, apresentando passos, e, na sequência, convidaram outro colega para dançar, pois, segundo eles, nas rodas de funk existe uma espécie de batalha, na qual quem está dentro realiza seus passos e, quando acaba de dançar, aponta o dedo para outra pessoa entrar na roda. Trata-se de um convite; assim, todos têm oportunidade de dançar.

No transcorrer das atividades de ensino, não somente das vivências, o professor Marcos percebeu que algumas crianças, vistas como indisciplinadas, contribuíam com o projeto, compartilhando seus conhecimentos.

Na intenção de aproximar a escola da comunidade, mediante a valorização do patrimônio cultural disponível, um ex-estudante da instituição, cantor de funk, ou MC, foi convidado para uma entrevista. O questionário foi previamente organizado com sugestões das crianças. O professor registrou na lousa as sugestões; como as questões eram muitas e se repetiam, chegaram a um acordo sobre aquelas que consideravam mais importantes. Em seguida, cada estudante copiou o questionário no próprio caderno.

Na data agendada, o convidado foi recebido na escola. Durante a entrevista, os estudantes perguntaram como ele havia aprendido o funk, como criava suas músicas, e pediram-lhe que cantasse. A atividade permitiu que as crianças entendessem o processo de composição das letras e músicas, além das dificuldades que enfrentava para se manter como cantor. Todavia, algumas questões específicas do funk, sobretudo com respeito aos seus representantes, ficaram sem resposta. Um fato digno de nota, e que, sem dúvida, contribuiu para a reconstrução das representações sobre os participantes do funk, foi a recusa ao pedido para demonstrar alguns passos. O entrevistado confessou que apenas compunha e cantava, não sabia dançar.

Com as devidas explicações e autorização da equipe gestora, a partir daquele dia o MC passou a acompanhar o projeto em datas combinadas. Ele gostou bastante do trabalho e colocou-se à disposição para contribuir com o que fosse necessário.

Dando continuidade ao trabalho, o professor utilizou as representações e conhecimentos reunidos durante a entrevista do MC para organizar atividades de ensino centradas na elaboração de letras do funk, com a ajuda do visitante. A partir do tema "Os conhecimentos do funk", as crianças, em grupos ou individualmente, compuseram algumas letras e, ao som produzido pelos colegas com o próprio corpo, cada qual foi convidado a apresentar suas músicas. Surgiram: "O kit da prefeitura", "O camburão", "O funk das novinhas", entre outras. Vale destacar que o teor das letras era uma crítica ou uma paródia a acontecimentos do cotidiano infantil ou escolar. Nenhuma delas continha palavrões, alusão a crimes ou sexo.

Prosseguindo com a proposta, foram desenvolvidas atividades para ampliar os conhecimentos das crianças. Como etapa preparatória, o professor levantou junto aos estudantes os nomes dos MCs que conheciam, os tipos de funk e as diferenças na forma de dançar, registrando tudo na lousa. Mencionaram Valesca Popozuda, MC Lon, MC Marcinho, as características que os distinguiam, as letras que falavam de sexo, violência, poder da mulher e as diferenças na forma de dançar, tais como passos de agachar e rebolar, frevo e psy.

A aula seguinte ocorreu na sala de informática. A turma foi dividida em grupos, cada um com incumbência de pesquisar uma das variações do funk, seus principais representantes, apropriar-se da gestualidade e, depois, convidar os colegas para conhecer e vivenciar os passos. Houve quem pesquisasse sobre o funk melody, o funk techno, o pancadão etc. No final do dia, os grupos apresentaram os resultados das suas investigações aos demais colegas e organizaram uma roda para vivência dos variados estilos.

Em meio ao projeto, o professor combinou com duas crianças estrangeiras do 7º ano uma data para que apresentassem ao 5º ano como se dança funk na Bolívia. No dia estipulado elas foram recebidas na sala de informática, apresentaram um vídeo com os grupos conterrâneos de maior sucesso e convidaram os colegas para dançar. A maioria se intimidou, alguns riram, mas de um modo geral a experiência foi interessante, pois permitiu a ampliação das representações sobre a dança.

O professor repetiu o convite às estudantes mais velhas, pois percebeu tratar-se de uma excelente ocasião para a turma reconhecer e valorizar a identidade de um grupo cultural que sofre preconceitos na escola. Com essa intenção, organizou um questionário com a turma nos mesmos moldes daquele utilizado para entrevistar o visitante. Na data combinada, após a entrevista, todos formaram uma roda para vivenciar o funk estrangeiro, a partir das demonstrações das convidadas.

O docente observou que as crianças do 5º ano já não se referiam a elas pela nacionalidade, mas pelos seus nomes. Isso poderia ser um indício de que as atividades realizadas e os saberes compartilhados, de alguma forma, estavam contribuindo para a produção de novas subjetividades e conhecimentos referentes à prática corporal estudada. Essa impressão adveio das expressões emitidas pelas crianças: "Nossa! Não sabia que lá existia funk". "A fulana e a cicrana sabem bastante sobre o funk. Lá o funk parece com o hip hop!"

Após três meses de estudo, o professor avaliou o percurso desenvolvido e concluiu que era o momento de finalizar o projeto. Conversou com os estudantes acerca da avaliação final, abrindo a possibilidade de escolha de uma entre três atividades: a elaboração de uma paródia, a composição de coreografias de funk em grupos heterogêneos e a criação de um gibi. Chame-se a atenção para o fato de que qualquer uma das situações propostas posicionava as crianças na condição de produtores culturais e não apenas meros reprodutores. Na visão do docente, a escola é um dos espaços sociais que pode estimular a autoria, que, na verdade, nada mais é do que o processo de significação cultural.

Após refletirem sobre as opções, decidiram que fariam as três atividades e ainda se propuseram a organizar um mural com toda a produção: letras, fotos, músicas e coreografias. Os estudantes dispuseram do tempo necessário para se organizar, produzir o material escrito e os desenhos, além de elaborar e ensaiar a coreografia. O pátio da escola foi o local escolhido para apresentação dos grupos e fixação dos materiais no mural.

Conforme o professor, o acesso a vários discursos sobre funk permitiu a produção de outras significações, visivelmente distintas daquelas inicialmente proferidas pelas crianças.

O docente avaliou que, em uma sociedade marcada crescentemente pela diversidade cultural, a escola pode contribuir com a formação de cidadãos que sejam capazes de se posicionar criticamente em relação às práticas corporais e aos discursos que as alcançam.

Ao final do projeto, o funk já não era apenas visto como algo ruim, mas, sim, como um gênero musical pertencente a uma determinada comunidade, que o criou pela necessidade de lutar por seus direitos mínimos, e que hoje tem sido apropriado por diferentes grupos culturais com diferentes representações.

Entre erros e acertos, conflitos, riscos e descobertas, o professor buscou construir a experiência pedagógica coletivamente através do diálogo com a turma do 5º B. Durante o projeto, mesmo tematizando uma dança, os estudantes não permaneceram exclusivamente nas vivências corporais, pois realizaram entrevistas, pesquisaram, conceberam coreografias, compuseram músicas, discutiram, concordaram, discordaram e participaram das aulas dançando, registrando, escrevendo, observando, assistindo a vídeos, ouvindo os convidados etc.

Com a mão na massa

Vivenciar as danças pertencentes ao universo cultural das crianças

Converse com as crianças a respeito das músicas que suas famílias costumam ouvir.

Peça que as agrupem conforme o gênero. Identifique as de maior preferência e, principalmente, as que animam as festas ou momentos de lazer.

Convide-as a apresentarem as danças realizadas nesses ambientes.

Analisar e produzir danças

Divida as crianças em pequenos grupos; deixe que escolham a dança de sua preferência e apresentem-na à turma. Reveze a apresentação e a assistência.

Solicite a atribuição de significados à gestualidade empregada pelos colegas: O que querem dizer com esses gestos?

Desafie-as a produzirem outras formas de dançar, preservando as mesmas intenções comunicativas. Inverta a proposta e organize situações didáticas em que os grupos construam danças a partir de um tema proposto.

Problematizar os marcadores sociais presentes nas danças

Apresente vídeos de danças variadas e estimule a análise com as perguntas: Quem são as pessoas representadas? Como dançam? O que significam os gestos? Como são suas vestimentas?

Desafie as crianças a elaborarem uma classificação, como, por exemplo: danças atuais ou antigas; rurais ou urbanas; nacionais ou internacionais etc. Solicite maior atenção à relação entre os praticantes e suas danças. Peça que arrisquem vinculações entre o grupo social e a dança apresentada.

Ampliar e aprofundar os conhecimentos sobre as danças

Tomando como base as danças vivenciadas e apresentadas nos vídeos, oriente a realização das pesquisas. Elabore coletivamente um instrumento que norteie a coleta de informações.

Sugira materiais ou sites onde esses dados possam ser obtidos e combine o formato para socialização dos resultados (painéis, relatos orais, textos, vídeos etc.). Os materiais produzidos e os registros ao longo do processo são subsídios importantes para avaliação do trabalho.

Capítulo 4

Lutas

Qual professor, ao repreender duas crianças que se agarravam ou empurravam, não obteve como resposta esta afirmação, geralmente dita de maneira inocente: "Estamos só brincando..."? Na visão infantil, certamente tratava-se de uma simples brincadeira. É bem possível, no entanto, que ambas estivessem imitando gestos vistos na televisão, com o objetivo de subjugar a colega. Nesse caso, as ações observadas caracterizam uma luta.

A luta é uma prática corporal realizada entre duas ou mais pessoas que empregam técnicas específicas para imobilizar, desequilibrar ou atingir o oponente. Trata-se de uma forma de combate na qual os opositores atuam simultaneamente. Briga de galo, braço de ferro, luta de dedos, cabo de guerra, bater mãos, sumô, krav magá[15], huka-huka[16] e capoeira são exemplos de lutas. Algumas, como kung fu ou caratê, encontram-se imbuídas de uma certa filosofia e foram, ou ainda são, realizadas com finalidades guerreiras. Mais recentemente a expressão "modalidades de combate" passou a ser usada como referência a lutas institucionalizadas que possuem campeonatos, rankings, mensurações e demais códigos típicos do esporte. Boxe, judô e tae kwon do[17] encaixam-se também nessa categoria.

É interessante observar a presença das lutas na sociedade contemporânea. Com o emprego de gestos simples de autoproteção ou de sofisticadas técnicas de ataque, elas são vistas em desenhos infantis, pra-

---

[15] De origem israelense, essa luta envolve técnicas de torção e defesa contra armas, bastões, agarres e golpes. Os praticantes e o mestre Kobi Lichtenstein, introdutor do krav magá na América Latina, designam-no como defesa pessoal idealizada para atuar na guerrilha urbana.
[16] Praticada pelos povos indígenas do Xingu e de algumas regiões de Mato Grosso, essa luta emprega técnicas de agarre com o objetivo de derrubar o oponente.
[17] Luta de origem coreana em que os oponentes têm por objetivo chutar os adversários em determinadas partes do corpo.

ças públicas, jogos eletrônicos, noticiários televisivos etc. Mas nada disso pode competir com o cinema. São incontáveis os filmes que têm as lutas como tema central ou componente de uma trama paralela. Sem muito esforço é possível recordar-se de *Star wars*, *Rock – o lutador*, *O touro indomável*, *O último samurai*, *Matrix*, *Karatê kid*, *O tigre e o dragão*, *Tartarugas ninja*, *Kung fu panda* e muitos outros.

O contato com as representações veiculadas pela indústria cultural exerce alguma influência nas concepções que as crianças constroem sobre o tema. Não é raro atribuir-se aos lutadores poderes excepcionais ou confundi-los com indivíduos agressivos e violentos. Também é comum conceber as lutas como práticas exclusivas a setores restritos da sociedade, devido ao ambiente de segredo e mistério propositadamente criado ao seu redor. O cinema contribuiu para isso com a alusão a golpes mortais, quase mágicos, e ao envolvimento das lutas com doses variáveis de misticismo.

Como elemento presente no patrimônio cultural de diversos grupos, a luta acumula significados tradicionais de rito, prática religiosa, treinamento para a guerra e exercício físico. Nas suas origens, algumas lutas orientais possuíam conotações filosóficas fundamentadas em crenças religiosas e visavam à preparação do praticante física e espiritualmente. Mais recentemente, tem sido bastante comum a prática da luta com finalidades competitivas, defesa pessoal, condicionamento físico, por razões profissionais ou até mesmo como forma de relaxamento das tensões do cotidiano, nas modalidades oferecidas pelas academias.

Há quem atribua à necessidade de autodefesa e de ataque o surgimento das lutas. Na Grécia antiga, a luta era parte integrante da educação ateniense e espartana em função da preparação para a guerra. Num cenário marcado por conflitos, a criação de técnicas de combate com ou sem armas e o seu aperfeiçoamento eram primordiais à sobrevivência. Parece ter sido justamente a necessidade de sobrepujar os adversários que levou distintos grupos sociais a criarem as lutas.

Alguns historiadores relatam a existência de lutas de agarrar com o objetivo de derrubar o oponente há cerca de cinco mil anos na Grécia, em Roma, na China e no Egito. Desenvolvidas para utilização nas guerras, essas práticas deram origem ao sumô[18], à luta livre[19], à luta greco-romana[20] e ao sambo russo[21]. Ademais, há lutas de agarrar em muitas outras culturas, como entre os povos autóctones dos continentes americano e africano. Já o uso das mãos e dos pés para golpear é bem mais recente.

No século IV, o monge indiano Bodhidharma, também conhecido como Daruma, viajou da Índia para a China a fim de ensinar o budismo no templo Shaolin. Segundo a narrativa mais conhecida, os ensinamentos eram baseados em exercícios e técnicas de respiração para melhorar as capacidades físicas dos discípulos e, consequentemente, auxiliar nos trabalhos meditativos que se estendiam por horas. A prioridade era fortalecer o corpo para avançar nos ensinamentos mentais e espirituais. A partir daí, os monges shaolins criaram técnicas de autodefesa inspiradas nos movimentos dos animais. Essas práticas corporais passaram a ser vistas como caminho para a ascese pessoal e espiritual, significado ainda atribuído a uma parcela das lutas de origem oriental.

---

[18] De origem japonesa, essa luta é realizada no interior de uma área circular e recorre a agarramentos e projeções. O objetivo é fazer o oponente sair do círculo ou tocar o chão com qualquer outra parte do corpo além dos pés.

[19] Luta de origem egípcia amplamente disseminada no Ocidente que emprega basicamente agarramentos. O objetivo é derrubar o oponente.

[20] A luta greco-romana diferencia-se da luta livre ao permitir o agarre apenas na parte superior do corpo. O objetivo é manter os dois ombros do adversário imóveis no chão.

[21] Criada no início do século XX, essa luta de origem soviética emprega ampla gama de técnicas oriundas de outras lutas: socos, chutes, agarramentos, projeções e imobilizações. Ganhou certa visibilidade em função do desempenho obtido por lutadores de MMA.

O território chinês era, então, subdividido em centenas de pequenos Estados de estrutura feudal que se guerreavam constantemente. A maioria dos ataques se iniciava com flechas e, no decorrer da disputa, os homens chegavam ao combate corpo a corpo. Isso tornou necessário o desenvolvimento de equipamentos específicos para a luta corporal, como lanças e espadas, cuja fabricação ficava a cargo de mestres ferreiros. O acúmulo gerado pelas vitórias levou à gradativa burocratização da administração pública, dada a necessidade de recolher impostos para custear a profissionalização dos exércitos, antes constituídos por camponeses mal preparados. O aumento do Estado pela conquista e submissão de novos territórios passou a depender de equipamentos e pessoal especialmente treinado. Comandados por oficiais, os soldados passaram a treinar e aperfeiçoar técnicas de combate, com e sem armas.

Enquanto isso, o comércio entre os povos que viviam na Índia e na China prosperava, fazendo surgir muitas rotas. Para proteger suas mercadorias, os comerciantes viram-se obrigados a contratar homens que dominassem técnicas de luta e possuíssem a condição física necessária para enfrentar longas jornadas. Essa mão de obra era basicamente composta por mercenários e soldados que abandonavam os exércitos em busca de remuneração melhor.

A chegada dessas práticas corporais ao Ocidente deu-se entre fins do século XIX e meados do século XX, por meio de movimentos migratórios decorrentes de fatores políticos e econômicos. Mesmo que o contato com o Oriente não seja algo recente na história, pois é certo que mais de mil anos antes Alexandre, o Grande, já estivera na Índia, assim como os romanos no século I, foi apenas a partir do século XIV que se intensificaram as trocas de produtos por meio de viajantes. Um possível desinteresse inicial dos ocidentais pelas práticas culturais corporais do Oriente pode ser explicado pela força das tradições europeias; de fato, apenas no século XX algumas lutas orientais já bem conhecidas ganharam adeptos e praticantes neste lado do mundo.

Várias formas de combate corpo a corpo figuravam nos Jogos Olímpicos da Antiguidade, entre elas o pancrácio[22]. Na Idade Média, a Europa foi palco do surgimento de um grupo especializado da nobreza, constituído por guerreiros. Os cavaleiros medievais partilhavam um código específico no uso de armas e montaria. As habilidades de luta eram aprendidas na família por meio de treinamentos intensivos. Lutar fazia parte da educação do jovem, assim como equitação, caça, falcoaria, canto e dança.

A realização de torneios era o cenário adequado para exibição das técnicas adquiridas. Tanto a justa, na qual se opunham dois cavaleiros armados, como os combates a pé, dos quais participavam muitos homens, frequentemente terminavam em morte. Esses eventos foram alvo de controle e refinamento e, aos poucos, passaram a simples simulações das condições de batalha para dar experiência aos jovens.

O caráter solene dessas atividades, o grande empenho dos participantes e o contraste com os preceitos do Cristianismo levaram os cavaleiros à adoção de modos de vida singulares e à participação de grupos segregados que tiveram um papel destacado nas Cruzadas, o movimento de reconquista da Terra Santa.

O processo de mutação da violência dos guerreiros medievais em gestos contidos e elegantes dos cavaleiros também foi observado no Japão da era Meiji (1868-1912). Os samurais, antigos protetores das

---

[22] Luta grega antiga que empregava socos, chutes, cotoveladas, joelhadas, cabeçadas, estrangulamentos, agarramentos, derrubadas, imobilizações, torções, chaves e travamento das articulações. Exceto enfiar os dedos nos olhos, golpear a genitália, arranhar ou morder, tudo era permitido. A vitória ocorria com a desistência de um dos oponentes.

terras de ricos proprietários, compunham uma casta especial que vivia sob um rígido código de honra — o bushido — forjado através do treinamento de técnicas de luta. Levavam uma vida dedicada ao trabalho e à preparação para servir, cultivavam valores como honra, lealdade e coragem. Com a reestruturação política e econômica do Japão, os samurais perderam sua função social, pois a burocracia estatal exigia o monopólio do uso da força e a centralização do poder.

Os conhecimentos antes restritos à formação dos samurais foram ressignificados para constituir a gestualidade de diversas lutas japonesas, cuja prática passou a ser incentivada, não mais para finalidades bélicas, mas sim pelo seu caráter educativo.

Na Inglaterra do século XV disseminaram-se as técnicas de uso de bastão, espada, escudo e socos. A luta era ensinada a qualquer pessoa em troca de pagamento. Para angariar interessados, os chamados mestres apresentavam-se em exibições públicas, em tablados elevados especialmente construídos para esse fim. Procuravam despertar o interesse dos espectadores por meio de desafios para lutas apenas com os punhos. Por volta do século XVIII, essas apresentações deram origem ao boxe.

Com a propagação das armas de fogo em toda a Europa, o uso da espada como arma diminuiu, permanecendo apenas o florete, uma espada mais leve. Sua adoção para atividades meramente recreativas fez surgir a esgrima.

Inversamente ao que ocorreu no Oriente, as lutas europeias foram completamente esvaziadas de qualquer princípio filosófico. É o caso do atual savate[23], também denominado boxe francês. Elaborado no século XIX, acredita-se que seja derivado de práticas populares que empregavam socos, chutes e rastei-

---

[23] Luta francesa que combina movimentos do boxe com chutes.

ras e tenha sofrido influência das lutas orientais. Tal como as demais lutas europeias, não possui qualquer significado transcendental.

O mesmo acontece com a capoeira. Não se sabe ao certo a sua origem. Há autores que afirmam tratar-se de uma criação da população negra escravizada no Brasil, enquanto outros apontam suas raízes nos antigos rituais da África. A transmissão oral relata que naquelas terras existia uma prática corporal bastante violenta, denominada "jogo da zebra". Os lutadores aplicavam cabeçadas e pontapés nos adversários para, em caso de vitória, adquirir o direito de se casar com a moça escolhida. A população africana que para cá foi trazida em maior número foram os bantos de Angola, justamente os que mais se distinguiram na prática da capoeira na Bahia. Na condição de prisioneiros, os negros escravizados introduziram instrumentos musicais e movimentos cadenciados para disfarçar a luta, confundindo-a com uma dança. Quando escapavam, escondiam-se em uma clareira ou capoeira, onde podiam enfrentar seus perseguidores. Ser "pego na capoeira" significava ser derrotado pelos golpes aplicados pelo fugitivo.

Cada qual ao seu modo, as lutas possuem trajetórias peculiares. Todavia, nada disso explica a disseminação, a quantidade de aficionados e o enorme fascínio que exercem sobre as pessoas em todas as partes do mundo.

O aumento do interesse nas últimas décadas impulsionou a ressignificação das modalidades existentes e a invenção de outras. O jiu-jítsu brasileiro pode ser tomado como exemplo. Em terras nacionais, a prática original escapou das mãos dos seus criadores, foi revista e teve suas técnicas modificadas e ampliadas. De luta restrita a uma parcela da população japonesa, ganhou visibilidade e angariou adeptos em vários grupos sociais.

A própria capoeira experimentou o mesmo fenômeno, mas com dimensões muito maiores. Após décadas na condição de luta marginal, tendo sido sua prática proibida pelo Código Civil brasileiro até 1930, hoje a capoeira é símbolo da identidade nacional e sua prática penetrou em ambientes como a escola, clubes, academias da elite etc. Obviamente, não se trata de uma ocorrência casual, e sim do resultado de disputas por significação. Como artefato cultural, a capoeira ganhou mais do que um espaço de atuação, ela propiciou uma ação política da cultura negra.

Em linhas gerais, as raízes de qualquer luta estão enterradas no contexto social da época. Conhecer sua origem e história é uma maneira de acessar os significados que lhe foram atribuídos pelos seus criadores. O recente Mixed Marcial Arts, também conhecido pela sigla MMA, é um caso emblemático. Compreender seu surgimento e expansão passa pelo entendimento do papel das mídias na sociedade contemporânea e a transformação das lutas em um espetáculo consumido por milhões de pessoas. Se num passado não muito distante tamanha disseminação era impensável em função do caráter filosófico das lutas orientais, a versão mais atual dessa prática corporal deve sua existência aos consumidores que pagam pelas imagens em tempo real e aos patrocinadores interessados na venda dos seus produtos.

Não são apenas os interesses comerciais que estão em jogo. Questões políticas e econômicas também influenciam na difusão das lutas pelo mundo afora. Geralmente, as nações se interessam pela propagação da sua língua, valores e costumes com a finalidade de se tornarem conhecidas internacionalmente e, dessa forma, ampliarem o seu poder simbólico. Como exemplo, basta mencionar os incentivos do governo japonês que o judô e o caratê receberam ao longo do século XX, o que, de certo modo, contribuiu para a disseminação de representações positivas dos habitantes daquela nação, tais como disciplina, autocontrole e perseverança.

Na prática, as lutas se distinguem pelo conjunto de técnicas empregadas: agarrar, torcer, desequilibrar e imobilizar o oponente (judô, jiu-jítsu e hapkido[24]), chutes e socos (caratê, muay thai[25], tae kwon do), socos (boxe), chutes (capoeira), além das modalidades que utilizam armas (esgrima, kendo[26]). Diferentes modalidades podem empregar técnicas similares, como judô, ju-jítsu, caratê e tae kwon do, enquanto outras, além de possuírem um grande repertório de golpes com as mãos e os pés, também usam armas, tal como o kung fu.

É possível classificar as lutas em função dos seus objetivos durante o confronto, o tipo de contato entre os adversários e o emprego de recursos. Sob esse critério, há lutas com agarre, golpes e implementos.

O objetivo do agarre é derrubar o adversário e imobilizá-lo. O sumô, o judô e o jiu-jítsu encaixam-se nessa categoria. Dentre as lutas que utilizam golpes, em algumas somente os punhos são permitidos, enquanto outras usam as pernas. O boxe pertence ao primeiro grupo e a capoeira ao segundo. Há também aquelas que golpeiam utilizando pernas e braços, como o caratê. Já as lutas com implementos têm como objetivo tocar o adversário. É o caso da esgrima.

O emprego de instrumentos permite afirmar que a esgrima ou o kendo podem, também, ser classificados como lutas de longa distância. As lutas com agarre são de curta distância e aquelas que utilizam golpes, de média distância.

---

[24] Luta coreana de autodefesa que emprega socos, chutes, rolamentos, escapes, esquivas, torções, técnicas de alongamento e respiração, além de utilizar armas de diversos tipos, como bastões, espadas, bengalas, facas e leques.
[25] Também conhecida como boxe tailandês, é uma luta que recorre ao uso combinado de punhos, cotovelos, joelhos, canelas e pés.
[26] Luta japonesa baseada no combate com espadas.

Por vezes, as técnicas empregadas caracterizam distintos estilos de uma mesma luta. Os estilos do kung fu foram inspirados nos movimentos dos animais (garça, serpente, dragão, louva-a-deus, tigre, leopardo, macaco, cavalo e raposa). A capoeira, por sua vez, possui o estilo regional e o angola. Os gestos da capoeira angola são mais lentos e próximos ao chão, enquanto a capoeira regional se caracteriza pela rapidez, manutenção de um ponto de apoio no chão e maior contundência dos golpes.

Uma peculiaridade das lutas é a recorrência ao grito de guerra, o kiai, no início, durante ou ao final da aplicação do golpe. É usado como forma de autoencorajamento ou para abalar a concentração do oponente, pois costuma acompanhar o ataque.

Algumas modalidades possuem formas próprias para ensino dos golpes, os chamados katas ou katis. Trata-se de uma sequência coreografada, na maioria das vezes correspondente ao nível e à experiência do lutador. A execução pode ser individual ou coletiva e contar ou não com a interferência de oponentes, além de seguir obrigatoriamente o princípio de ataque e defesa através das técnicas da modalidade. Em certa medida, os katas e katis são um meio para os praticantes conhecerem as técnicas mais antigas, conservando a tradição da luta.

A maior parte das lutas utiliza uma vestimenta específica: o quimono (judô, caratê, jiu-jítsu), o do-bok (tae kwon do), o calção (boxe), o mawashi (sumô) e adereços como luvas (MMA), sapatos (savate, luta livre) etc. Também são utilizadas faixas (caratê), fitas no braço (muai thay) ou cordões (capoeira) para identificar a experiência do praticante. Durante os treinamentos, visando a segurança dos lutadores, algumas modalidades utilizam equipamentos de proteção da boca, tronco, cabeça, antebraço, perna, pé, mão e órgãos genitais. O tatame também pode ser visto como um material que evita lesões em caso de quedas.

Existem competições por modalidade de luta para diversos níveis de participantes. Originárias das antigas contendas destinadas à comparação entre escolas ou estilos, na atualidade os eventos seguem os mesmos princípios das competições esportivas. Empregam-se regras com o objetivo de permitir a pontuação e preservar os competidores. Em algumas modalidades, existem rankings estaduais, nacionais e mundial.

Tanta variedade dificulta qualquer tentativa de homogeneizar as lutas e os significados que lhes são atribuídos. É simplesmente impossível hierarquizá-las ou qualificá-las. Cada qual, enquanto artefato cultural, transporta os signos que representam o grupo social que a criou e todos aqueles que dela possam ter se apropriado. Uma luta é um texto passível de leitura, significação e produção. A gestualidade, as vestimentas, os rituais e os instrumentos que lhe dão especificidade são, na verdade, as chaves para compreender as visões de mundo partilhadas pelos seus representantes.

As lutas na escola

A transformação da luta em objeto de estudo pode parecer estranha para aqueles acostumados a vê-la como sinônimo de violência. Apesar de a maioria das obras sobre o assunto e das propostas curriculares mencionarem a relevância do tema, algumas pesquisas revelam que uma parcela dos professores mostra-se receosa em função das representações negativas que cercam essa prática corporal. A alegação utilizada para justificar a sua ausência do ambiente escolar baseia-se na hipótese, um tanto absurda, de que o trabalho com as lutas contribuiria para o aumento da agressividade entre as crianças. A negligência proposital de uma parcela significativa do patrimônio cultural corporal trará mais malefícios que benesses. Afinal, na escola também se ensina pelo que não se aprende.

Nestes tempos em que a legislação educacional explicita a importância dos conhecimentos oriundos das culturas africana e indígena, é incompreensível a displicência no trato com a capoeira e o esquecimento do huka-huka. Em meio ao intenso hibridismo cultural, não há como justificar os obstáculos ao trabalho pedagógico com o jiu-jítsu, judô, caratê e kung-fu. Considerando-se o papel que as mídias representam na socialização de informações, soam anacrônicos os projetos pedagógicos que mantêm afastadas as modalidades de combate presentes nos canais de televisão, videogames e internet. A única explicação para essas ausências reside no fato de que se trata de saberes produzidos por grupos de menor visibilidade social.

A tematização das lutas na escola pode ocorrer de duas maneiras:

1) Mediante uma concepção integrada e articulada às demais disciplinas, isto é, pelo desenvolvimento de projetos comuns. O estudo da história de uma determinada nação, por exemplo, pode incluir as lutas como parte do patrimônio do seu povo.
2) Tendo as lutas como tema central. Nesse caso, seriam estudadas as lutas do presente ou do passado, uma luta em específico, as lutas que as crianças conhecem etc.

Em ambas as formas, a prática pedagógica buscaria o reconhecimento das características da luta estudada e os aspectos identitários dos setores sociais que a criaram e a praticam. À ação docente caberia destacar como os sentidos atribuídos por aquele grupo cultural foram produzidos, questionando as representações sobre a luta que praticam. Em se tratando de conhecimentos não canônicos, costumeiramente desprestigiados, a análise cultural consiste numa estratégia fundamental.

O trabalho pedagógico deve considerar que qualquer representação é um processo de construção. As atividades de ensino têm que desconstruir algumas visões distorcidas ou preconceituosas que, eventualmente, tenham sido apresentadas pelas crianças ou disponibilizadas pelos meios de comunicação. No decorrer das situações didáticas, elas terão a oportunidade de travar contato e aprofundar os conhecimentos alusivos às lutas produzidos pelos grupos que compõem a sociedade e os significados que lhes são atribuídos pela cultura hegemônica.

A multiplicidade de olhares não só permitirá descobrir outras dimensões, como também revelará novas formas de as crianças verem as práticas corporais que empregam técnicas de agarre, imobilização e atingimento. Devido ao longo tempo de ausência e, por que não dizer, de certa proibição na escola, a possibilidade de eleger as lutas enquanto objetos de estudo legítimos poderá sinalizar um novo caminho para reconhecimento do outro. Mas não se trata de abordá-las de modo superficial ou performático; o que se defende é a análise cultural dos seus elementos constituintes.

Suponha-se que a capoeira tenha sido selecionada como tema de estudo. A simples proposição de vivências da roda, dos golpes e das músicas, mais do que transmitir às crianças uma visão distorcida, ampliará seu afastamento das questões pungentes que envolvem a prática. É primordial discutir com as crianças as conexões com o passado (o que a capoeira expressava no seu contexto inicial de produção, sua origem entre o povo escravizado) e com o presente (a transformação sofrida/imposta pela indústria cultural e pelas mudanças sociais ocorridas após o fim da escravidão). Reduzir o trabalho pedagógico à repetição das técnicas corporais camuflará os problemas enfrentados pelo seu grupo de origem. Assim, tematizar essa luta na escola implica desconstruir pedagogicamente o preconceito que envolve os modos de ser, pensar e agir dos capoeiristas, através da análise da trajetória histórica dessa luta e dos seus representantes.

Uma prática pedagógica fundamentada na análise cultural desatualiza o presente, isto é, coleta o vulgar e o trivial para aproximá-los da luz e observá-los por outro ângulo, questionando os conhecimentos que serão ensinados e as representações que serão veiculadas. Uma coisa é saber que a capoeira é uma produção do povo africano escravizado; outra, bem diferente, é compreender a escravidão, o que isso significou e ainda significa, inserindo a prática da capoeira nesse contexto. Tematizar a capoeira passa, necessariamente, pela compreensão das suas lutas por reconhecimento enquanto marca identitária de uma população oprimida e dos modos pelos quais ela passa a ser assimilada pela cultura de massa.

O trabalho pedagógico com as lutas consiste em afastar, a qualquer custo, tanto as representações pejorativas, já mencionadas, quanto as visões romanceadas presentes na mídia. Não basta conhecer algumas técnicas ou sua origem. É necessário compreender os significados contextuais e problematizar os discursos que os colocam em circulação. A promoção de ações didáticas interpeladoras levará as crianças a identificar e questionar os procedimentos empregados pela indústria cultural para transformar as lutas em caricaturas e seus praticantes em pessoas desqualificadas.

Orientações didáticas

A escola é o lugar propício para colocar em ação estratégias que permitam o acesso a outras representações sobre as coisas do mundo, de maneira a viabilizar a mudança do olhar. Além da atenção às falas das crianças no calor das discussões, ocasião em que emergem seus posicionamentos e preconceitos, os docentes devem considerar, também, os silêncios, pois as ausências dessas crianças dizem muitas coisas.

A valorização dos conhecimentos historicamente menosprezados, como os relacionados às lutas, pode ser comparada ao estímulo à manifestação daquelas crianças que pouco se expressam ou evitam comunicar-se pela gestualidade. Comumente têm receio de tornar públicas suas formas de agarrar, derrubar e imobilizar, por considerá-las inadequadas ou inferiores diante da visibilidade desfrutada pelas performances das colegas cujos gestos se aproximam do padrão socialmente estipulado. Ao criar espaços para a experimentação e invenção de novas técnicas, sem discriminá-las ou hierarquizá-las, o professor legitima seus saberes, posições e sugestões. O efeito disso só pode ser o reconhecimento de todas as identidades culturais.

Pela sua rejeição a determinadas representações sobre as lutas e a valorização da gestualidade de todas as crianças, o professor demonstra por meio da prática de ensino que todos os grupos possuem um patrimônio cultural digno de tematização na escola. Mas só isso não basta. É necessário desenvolver uma pedagogia que analise os condicionantes sociais que agiram para posicionar determinadas práticas corporais e gestos como legítimos, enquanto outros são desvalorizados. Muito embora todos percebam que dentre as práticas da cultura corporal as lutas sejam o alvo dileto de preconceitos e restrições, nem sempre se consegue identificar as razões disso em função da abordagem realizada. Reverter esse quadro será possível com a utilização da pesquisa enquanto atividade didática.

Modificar a própria ação pedagógica é uma das lições mais difíceis de aprender, já que a maior parte das experiências discentes dos atuais educadores deu-se na contramão do que se está propondo. É compreensível o incômodo experimentado por professores mediante a adoção de uma postura inovadora de pesquisadores. É justamente isso o que aqui se defende. Que o professor e as crianças transformem a luta em objeto de estudo para entender seu processo de construção histórico-cultural, seus gestos e o que eles representam. Isso significa que todos deverão se familiarizar com os procedimentos que caracterizam a atividade investigativa.

Partindo do pressuposto de que as lutas nada mais são do que artefatos da cultura, para melhor compreendê-las, o docente pode recorrer aos instrumentos utilizados pela etnografia[27], enquanto atividades didáticas, conferindo a si e às crianças a condição de etnógrafos. Trata-se de executar uma cuidadosa leitura dos múltiplos aspectos envolvidos na luta elencada como tema de estudo naquele período letivo. A prática e a produção coletiva exigem que os envolvidos estejam municiados de dados obtidos por meio de instrumentos elaborados coletivamente, tais como observações, relatos, narrativas, entrevistas, questionários ou leituras orais dos signos contidos na prática corporal. É isso que significa atribuir à luta em questão o *status* de texto a ser lido e significado durante as atividades de ensino. O professor e o

---

[27] Trata-se de uma ressignificação da concepção de etnografia consagrada pela antropologia. No sentido aqui adotado, o professor e as crianças observarão as práticas corporais, entrevistarão os participantes e consultarão documentos a fim de reunir informações que lhes permitam acessar os variados significados atribuídos à luta como objeto de estudo.

grupo discutirão suas impressões sobre os materiais coletados e intercambiarão pontos de vista, confrontando-os com as próprias experiências.

Para desvendar os múltiplos aspectos que possivelmente permanecerão encobertos e, assim, enriquecer as análises feitas, o professor pode organizar atividades de comparação com os conteúdos disponíveis em filmes, narrativas, documentários etc. A apresentação de imagens de uma luta retiradas da internet ou de programas televisivos poderá ser acompanhada de leitura e discussão das impressões do grupo. O formato, a organização, os gestos dos lutadores, as vestimentas, os termos empregados, entre outros signos, ganharão sentido na medida em que algumas informações forem disponibilizadas ou acessadas pelas crianças. Uma análise dos rituais de saudação nas diferentes lutas ou a utilização de instrumentos durante a prática fornecerão dados importantes para compreender os sujeitos que delas participam.

Buscando uma compreensão melhor da prática corporal, crianças e educador poderão confrontar o que viram, leram e ouviram com dados obtidos em consultas a pessoas diretamente envolvidas com as lutas, o que ampliará a diversidade de informações e leituras. Nesse caso, localizar lutadores ou ex-lutadores e entrevistá-los sobre os contextos em que ocorrem as práticas servirá, também, para o professor verificar se os sentidos atribuídos pelos lutadores coincidem com os que foram elaborados pela turma por ocasião das primeiras leituras.

O resultado de todo esse processo é o contato com outras representações. Em que pese a possibilidade de algumas crianças permanecerem com as noções iniciais, o esperado é que a variedade de dados acessados permita-lhes produzir novas significações. Reside aqui a grande contribuição dessa proposta pedagógica: a possibilidade da hibridização discursiva, isto é, o entretecimento das concepções que as crianças possuíam com aquelas obtidas através da pesquisa.

A adoção da investigação como atividade de ensino possibilitará contextualizar a luta estudada através da análise da sua trajetória e dos marcadores sociais que a modalidade possui: Essa luta é praticada por um determinado grupo social? Onde surgiu? Como se transformou? Foi apropriada por outros grupos? Quem participa? Quando ocorre?

O emprego das técnicas de pesquisa permitirá situá-la socialmente e os resultados obtidos possibilitarão às crianças e ao professor analisar como se configuram suas próprias relações com o objeto de estudo: Estabelecem relações românticas, de consumo, críticas, preconceituosas?

Obviamente, ao longo das atividades desenvolvidas, a prática corporal será ressignificada e suas técnicas, formato e organização serão reelaborados. O sentido original poderá ser mantido ou alterado. Porém, em ambos os casos, as crianças serão posicionadas como sujeitos por meio da produção cultural. A experiência certamente despertará a necessidade de analisar o que sabem, tecer comparações com outras referências e compreender o processo de elaboração social do conhecimento, levando-as a reconhecer que podem coexistir diversas explicações para um mesmo fato. Em outras palavras, não se pode desprezar o potencial formativo do acesso a várias visões.

O contato com o percurso traçado por algumas lutas permitirá aos estudantes questionar os discursos de desqualificação que possam conhecer. Ademais, poderão descobrir que determinadas modalidades foram desprestigiadas ao longo do tempo, recaindo sobre elas a pecha de transmissoras de valores inadequados em função da sua origem e pertencimento a grupos minoritários. Enquanto isso, outras receberam fortes incentivos para disseminação e são positivamente produzidas pelos discursos sociais devido ao interesse econômico de setores empresariais.

É fácil constatar que o midiático MMA goza de ampla visibilidade e incentivo, enquanto as lutas populares são desconhecidas da maioria do público. Quais fatores determinaram esse quadro? Por que certas lutas recebem tanta atenção? O quê e com quem se comunicam? Quem são os beneficiados quando isso acontece? A busca de respostas a essas indagações levará as crianças a compreenderem melhor as disputas pelos significados das práticas corporais na sociedade mais ampla. O caráter essencialista que, às vezes, se quer atribuir às lutas nada mais é do que uma tentativa de exaltá-las, e assim garantir a sua circulação, ou deslegitimá-las, e consequentemente interditar sua ocorrência. Nenhuma luta é intrinsecamente pior ou melhor que outra. Cada qual é vista de forma negativa ou positiva em função das representações culturalmente construídas e divulgadas por aqueles com condições para tal.

A utilização dos procedimentos metodológicos da etnografia elucidará o funcionamento dos mecanismos de criação das representações sobre as lutas e seus praticantes. Um levantamento sobre a história do cabo de guerra indicará que esta já foi uma modalidade disputada em seis edições dos Jogos Olímpicos. A luta greco-romana e a luta livre serão excluídas das Olimpíadas a partir de 2020, enquanto o caratê é um forte candidato ao ingresso. Investigar os determinantes sociais dessas ocorrências concederá, tanto ao professor quanto às crianças, informações pertinentes para compreender as relações que envolvem as práticas corporais, desestabilizando noções ingênuas ou naturalizadas. Do mesmo modo, a utilização de procedimentos etnográficos permitirá compreender a resistência e afirmação do jiu-jítsu brasileiro, mesmo após o desaparecimento da sua prática em muitos países.

Tão importante quanto a vivência corporal da luta é a leitura das relações sociais nela imbricadas. Independentemente da modalidade em questão, professor e crianças terão em mãos um texto profícuo ao debate, haja vista a variedade de marcadores sociais que atravessam os diversos tipos de lutas. Enquanto produtos da cultura, as lutas possuem conotações étnicas, de gênero, classe social e religião adquiridas em diferentes momentos históricos. A análise cultural é, na verdade, um posicionamento didático. Não se deve esquecer, por exemplo, que em muitos lugares, até meados do século XX, algumas lutas eram restritas a determinados setores da sociedade e nem sempre exibições públicas de combates corporais foram permitidas.

Convém recordar que cada luta se originou em um contexto sócio-histórico e político específico, a partir de determinados objetivos. O tempo e os intercâmbios culturais terminaram por transformá-la. É desejável que as atividades de ensino possam analisar as razões que impulsionaram essas modificações. Nessa operação, os elementos causadores serão obrigatoriamente iluminados e compreendidos. Cientes disso, educador e crianças poderão exercitar a ressignificação da luta como objeto de estudo, analisando-a e adaptando-a ao contexto sociocultural no qual se encontram. É fundamental que essa experiência também seja analisada pela turma, a fim de que todos possam identificar os aspectos modificados e o que levou ao formato final. A ausência dessas análises poderá perpetuar representações alicerçadas no senso comum, quase sempre atravessadas por discursos preconceituosos ou influenciadas por questões mercadológicas.

Relato de experiência: "lutar é 'coisa' de menina?"

Ao mapear a cultura corporal das turmas do 3º ano do Ensino Fundamental da Escola Estadual Marechal Floriano, localizada na cidade de São Paulo, o professor Fernando César Vaghetti identificou a presença das lutas no cotidiano das crianças. No entorno da instituição localizam-se diversos equipamentos públicos e privados destinados às práticas corporais, entre eles algumas academias de lutas. Em função disso, o docente elegeu como objetivos a serem alcançados a ampliação e o aprofundamento dos conhecimentos e o questionamento de algumas representações a respeito das lutas.

Outro fato que influenciou na decisão sobre a prática corporal que seria estudada naquele período letivo foi a autoavaliação realizada no final do ano anterior. Era necessário contemplar temas de estudo para além dos esportes e brincadeiras. A revisão do trabalho realizado deu-lhe a impressão de um simples passeio pelas diferentes práticas corporais, sem aprofundar ou ampliar o que as crianças já sabiam sobre o tema. Aquela superficialidade incomodava o professor. Era preciso "ir além".

Para tanto, seria necessário dialogar mais com as crianças, reconhecer o patrimônio cultural corporal daquela comunidade e incentivá-las a questionar a realidade. A intenção era proporcionar condições para que, mobilizando seus desejos, pudessem interferir no cotidiano.

O que estava em jogo não era somente o aprendizado das lutas, mas também quebrar preconceitos contra aqueles vistos como diferentes, que o coletivo docente havia identificado, de modo a possibilitar uma formação pautada nos valores de respeito e apreciação da multiplicidade cultural, visando desafiar os discursos que desqualificavam e diminuíam determinados grupos sociais.

No início dos trabalhos, o professor procurou conhecer como as crianças significavam as lutas. Aquelas que eram praticantes ou haviam frequentado clubes ou academias disseram saber tudo. Outras permaneceram caladas e houve também quem dissesse que não gostava de lutar. Mapeando os conhecimentos das crianças, identificou algumas distinções; a capoeira, por exemplo, foi mencionada em apenas uma turma.

Após escrever na lousa a pergunta "O que são lutas?", o professor distribuiu folhas de papel sulfite e solicitou a realização de uma pesquisa e o registro das respostas por escrito. Além de mapear os conhecimentos sobre o tema, o material produzido seria utilizado para documentar o processo pedagógico. Algumas crianças, resistindo à atividade, afirmaram que não sabiam nada sobre as lutas e não iriam pesquisar. Como alternativa, o docente informou que, caso não conseguissem se lembrar de nada ou não quisessem realizar a atividade, poderiam entrevistar alguma pessoa da família ou amigo e perguntar-lhe o que conhecia sobre aquela prática corporal. Dessa outra maneira, também contribuiriam com o projeto.

Na aula posterior, quando as crianças mais resistentes foram questionadas se haviam realizado a atividade, disseram terem se esquecido ou simplesmente permaneceram caladas. Para socializar as respostas das demais, o professor escreveu na lousa os achados das pesquisas realizadas, valorizando todas as contribuições. À medida que cada criança mencionava os resultados da pesquisa, as demais haviam sido orientadas a registrá-los nas próprias folhas. A estratégia fomentou um diálogo sobre o assunto. Bastava alguém dizer o que pensava para um colega entrar em cena:

— Luta é briga, professor, é coisa de doido.
— Por que coisa de doido? Quem luta é doido?

— É, *prô*, tem que sair sangue... Os caras ficam se batendo.
— Luta é um esporte.
— É bater, morder.
— Tem que dar chutes e socos.
— Cabeçada.
— Defesa.

Na sequência, o professor perguntou se alguém praticava alguma luta e se sabiam da existência de algum lugar na região destinado à prática. Surgiram praticantes de capoeira, judô, boxe, vale-tudo, caratê e luta-livre. Para definir a ordem de estudo naquele semestre foi realizada uma eleição. Registraram os nomes das lutas em uma folha de papel pardo e cada criança foi orientada a optar por uma delas.

Com base nos resultados da votação, o judô deveria ser abordado em primeiro lugar. Para tanto, era necessário planejar e estruturar as atividades de ensino. As crianças foram convidadas a opinar. Mencionaram os golpes, a história da luta, como se ganha uma luta, quais são as vestimentas, por que algumas lutas possuem faixas, como é a pontuação e quem a inventou.

Para iniciar o trabalho com o judô, o professor propôs algumas experiências na quadra. Perguntou como era a luta. Após uma breve discussão sobre as representações das crianças, solicitou a formação de grupos para que cada qual, subdividido em duplas, lutasse judô ao seu modo. Além disso, o grupo deveria escrever quais gestos realizara e o que acontecia durante a prática. Posteriormente, seria convidado a explicar como se organizara. Imediatamente, meninos e meninas se separaram. As meninas disseram que não se sentiam à vontade para realizar a vivência e se sentaram um pouco afastadas do local da aula.

Enquanto os meninos se agarravam, chutavam e socavam uns aos outros, as meninas permaneciam distantes, algumas conversando sobre assuntos sem relação com a atividade, outras tentando escrever sobre a luta de judô. Ao perceber a dificuldade com o tema, o professor sentou-se no chão ao lado delas e iniciou uma conversa sobre os motivos da não participação da vivência corporal. Os posicionamentos afloraram:

— Isso é coisa de menino, *prô*!
— Menina não briga!
— Por que não brincamos de pega-pega?

O professor explicou que naquele ano estudariam as lutas que a turma conhecia e aproveitou para dizer que não eram apenas os meninos que lutavam. A tentativa de convencê-las não produziu nenhum resultado. Percebia-se facilmente que se tratava de uma prática absolutamente desconectada das suas vidas. Lutar, naquele momento, era mesmo "coisa de menino".

O obstáculo não havia sido previsto. O professor jamais pensara que aquela prática corporal pudesse gerar um problema assim. Quando terminou a aula, refletiu sobre o que poderia fazer para mudar a situação, aproximar as meninas do judô e como isso contribuiria para modificar aquela representação sexista.

Outro fato que também gerou confusões foi a percepção que os meninos tinham do judô. Surgiram muitos desentendimentos durante as vivências, pois alguns entendiam que era para socar e chutar até "sair sangue". Analogicamente, comparavam as lutas com as brigas que já haviam presenciado. Além do que, emergiram falas preconceituosas e discriminatórias quanto às relações de gênero, porque uma grande parcela dos meninos também via a luta como "coisa de menino".

Na continuidade do projeto, o professor organizou uma roda de conversa na quadra e solicitou que cada grupo explicasse como vivenciara o judô. Alguns tentaram explicar o que escreveram, outros não fizeram anotações mas explicaram suas experiências. Apenas os meninos falaram. Era evidente que as meninas não estavam à vontade; afinal, desconheciam a luta. Quando questionadas por que não realizaram a atividade, voltaram a dizer que meninas não lutam. Com isso, os meninos concordaram.

O professor considerou improcedente discutir outra vez a questão e deu continuidade ao trabalho. Organizou uma atividade de leitura da luta para que as crianças pudessem analisá-la e fazer inferências sobre a gestualidade característica do judô. Perguntou quem gostaria de ir ao centro da roda e demonstrar como era a luta. Dois meninos se prontificaram. Durante o combate, se empurraram, se agarraram e se chutaram, enquanto os demais permaneceram observando.

A luta foi interrompida e as crianças foram estimuladas a analisar o que tinham visto. O Cris adiantou-se e disse que aquilo não era judô. O professor pediu que demonstrasse o que entendia por judô. Ele foi ao centro acompanhado de um colega e, segurando-o pelos braços, passou-lhe uma rasteira para derrubá-lo. O Cris disse que havia praticado judô há algum tempo, mas lembrava-se somente daquele golpe. As crianças foram convidadas a reproduzir os gestos do colega, a fim de vivenciar um dos golpes do judô. Ninguém sabia o nome da técnica nem como deveria ser feita, simplesmente tentaram imitar o que o Cris apresentara.

Na sequência, formaram duplas e ocuparam todo o espaço da quadra. Receberam uma ficha com diferentes golpes de judô sendo aplicados e seus respectivos nomes. Cada qual possuía imagens diferentes. Com o objetivo de ampliar os conhecimentos sobre a luta, a turma foi orientada a ler o material, analisar os gestos, descrevê-los e vivenciá-los. O professor destinou à atividade o tempo suficiente para que ensaiassem e planejassem o que deveriam dizer.

Em seguida, uma dupla por vez, demonstrou e explicou os golpes constantes no material recebido. Também foram estimuladas a pensar sobre o que significavam os nomes em japonês. Isso causou certo burburinho entre as crianças, que desconheciam a língua, e, ainda por cima, segundo disseram, algumas palavras traziam conotações engraçadas. Como o professor havia pesquisado sobre o assunto, explicou que na maioria das vezes o nome do golpe equivale ao gesto executado: varrida de pés, passagem pelo quadril etc.

Depois da demonstração de cada técnica pela dupla, o restante da turma deveria reproduzi-la. Como não havia colchonetes para todas, o professor pediu que fizessem a prática sem o equipamento. O objetivo era vivenciar outros gestos típicos do judô além daquele apresentado pelo Cris, o que contribuiria para ampliar o repertório de conhecimentos. Algumas meninas, após poucas tentativas, começaram a reclamar da dificuldade. O mesmo aconteceu com os meninos. Como resposta às queixas, o professor comentou que as pessoas que lutam judô passam muito tempo de suas vidas praticando. Já na escola, a intenção das aulas não era transformá-los em lutadores; o que interessava era que entendessem as práticas corporais existentes.

Após a atividade de ampliação, as crianças assistiram a um vídeo contendo um tutorial dos golpes de judô. O objetivo era aprofundar os conhecimentos mediante a comparação entre o que veriam e as técnicas vivenciadas nas aulas anteriores. Convidadas a analisar se os golpes eram executados da mesma forma, como se chamavam etc., as crianças poderiam consultar as fichas caso não se recordassem dos nomes. Ao final da aula, a turma comentou que alguns golpes mostrados no vídeo não estavam nas fichas.

Apesar de várias aulas destinadas a vivenciar o judô, uma vez ou outra ainda se viam socos e chutes. Quando isso acontecia, o professor paralisava a atividade e conversava com as crianças, questionando-as sobre o uso desses golpes. Fazia questão de recordar que esses gestos não constavam das fichas e do vídeo a que assistiram. Após a conversa, os envolvidos retornavam à vivência e procuravam lutar dentro das regras combinadas.

Na continuidade do projeto, com o objetivo de aprimorar a leitura do judô, o professor perguntou às crianças como faziam para identificar o vencedor. Nos combinados das aulas, vencia quem conseguisse derrubar o adversário três vezes ou lançá-lo para fora do colchonete. Apesar dos critérios utilizados terem sido acordados e funcionarem razoavelmente bem, o professor explicou que seria necessário conhecer determinados procedimentos da luta e um pouco da sua história.

Parecia óbvio que as crianças estavam satisfeitas com o "próprio" judô, dado que conseguiam interagir durante a luta por meio da leitura dos gestos do oponente. Mas isso não era suficiente para compreender a ocorrência social da luta. Até então, conheciam apenas "o judô do 3º ano". O judô não era somente aquilo, havia muito mais a saber. Era necessário tomar contato com a luta praticada em outros espaços. Assim, o professor organizou uma atividade que lhes permitisse conhecer como se obtinha a vitória, o espaço da prática, a existência de juízes e a contagem de pontos. Essa última característica havia sido mencionada no mapeamento realizado no início dos trabalhos.

Na sala de informática, as crianças assistiram a vários vídeos com lutas de judô disponíveis na internet. É importante destacar que o professor havia selecionado propositadamente gravações em que apareciam lutadores e lutadoras, pois, além de trabalhar os procedimentos das lutas, pretendia retomar as discussões sobre a questão de gênero. E assim foi feito.

A turma mantinha-se firme na ideia de que as lutas eram uma exclusividade masculina. Para desestabilizar essa noção, o professor selecionou e apresentou uma final olímpica de judô feminino. A imagem surpreendeu as crianças. Descobriram que não havia empecilhos à participação das mulheres no judô. Muito pelo contrário, puderam ver diversas lutas femininas de todas as categorias e com mulheres de todas as idades.

A atividade teve um efeito bem interessante. Algumas crianças, tanto os meninos quanto as meninas, após o espanto inicial, retificaram os posicionamentos que haviam manifestado no início do projeto. Perceberam que a luta de judô não era um "bicho de sete cabeças", que homens e mulheres podem praticá-la e que desfrutar dessa prática corporal não é privilégio de uma parcela da sociedade. A intenção de aproximar as crianças de outras representações surtiu bons resultados.

E, mesmo assim, foi preciso entender por que as mulheres disputavam entre elas e os homens entre eles, ou seja, entender a razão da não existência de lutas heterogêneas. A discussão foi muito além. O professor explicou a organização dos Jogos Olímpicos e a manutenção de uma tradição pautada nas diferenças, que reforça uma visão sexista das práticas corporais. Apesar da participação feminina, as mulheres só podiam competir entre si em função do prestígio concedido à visão biológica. Concebida dessa forma, a mulher é colocada como representante do "sexo frágil", o que torna suas habilidades incompatíveis com as masculinas. Caso, ao longo da história, as oportunidades tivessem sido as mesmas, disse o professor, seria difícil prever o resultado de lutas entre homens e mulheres.

O professor percebeu que não bastava simplesmente apresentar os vídeos ou vivenciar o judô. Tão importante quanto isso eram as discussões acerca das questões que surgiam durante o projeto, fomentadas por cada atividade proposta. No caso, trazer um vídeo que mostrasse a luta entre mulheres fez-se necessário para o entendimento e aprofundamento das questões de gênero, pois a turma possuía uma ideia cristalizada de que as mulheres não poderiam praticar qualquer tipo de luta e, mesmo praticando, não estariam aptas a lutarem como os homens. Essa atividade gerou um amplo debate e o professor teve que recorrer a argumentos de caráter sociológico para explicar o fenômeno. Para ficar no efeito mais visível, a desmistificação dessa questão fez ampliar o envolvimento das crianças com a modalidade de luta estudada.

Durante a aula em que assistiram aos vídeos, o professor também questionou como as pessoas lutavam, quais as semelhanças com as técnicas utilizadas pelo 3º ano e qual a razão da existência de determinadas regras. Com o chamamento, as crianças passaram a identificar diferenças entre as lutas do vídeo e as vivências que realizavam. Concluíram que as diferenças podiam ser atribuídas às regras.

Como exemplo, diversas vezes os lutadores saíam do tatame ou eram derrubados sem que isso significasse o final da luta. As crianças também observaram uma série de números e palavras no canto superior do vídeo. Quando perguntaram ao professor, descobriram que aquilo fazia parte da pontuação de cada lutador. O professor pediu que anotassem tudo o que perceberam para que pudessem conversar sobre o assunto na próxima aula.

Para responder aos questionamentos, o professor elaborou uma apresentação (em PowerPoint) sobre a história, a pontuação, as faixas, onde se realizavam as lutas e alguns dos seus possíveis significados. O material foi construído a partir de uma pesquisa realizada no site da Confederação Brasileira de Judô e em outros portais que abordavam o assunto.

A apresentação permitiu sanar as dúvidas levantadas pelas crianças. Antes de relatar a história da modalidade e ilustrar algumas passagens, o professor enfatizou que podem existir outras explicações, pois não há uma só verdade sobre as coisas. O objetivo era disponibilizar novas informações para que as crianças pudessem entender que os fatos cotidianos não acontecem ao acaso, sempre são frutos do contexto.

Ao longo das aulas, as crianças fizeram anotações e desenhos em uma ficha individual de registro do projeto, material que permanecia com o professor para evitar perdas e extravios. Foram muito importantes os registros realizados em todas as aulas para que as crianças pudessem perceber a continuidade e a relação entre as atividades.

Em conversas informais com crianças de outras turmas, o docente descobriu que a Fabiana, matriculada no 4º ano, já havia praticado judô. Pediu-lhe que trouxesse o quimono e a faixa e, também, que explicasse algumas características da luta para as crianças do 3º ano. O momento foi importante. Como se tratava de uma menina que conhecia a modalidade e estava ali diante da turma, as crianças puderam consolidar a ideia de que as meninas também praticam aquele esporte e que existem lugares, naquele caso uma academia, em que praticantes do sexo feminino são bem-vindas.

Finalizando o projeto, foram realizadas diversas lutas de judô na quadra, ocasião em que afloraram algumas representações e conhecimentos debatidos durante as aulas. A maioria da turma participou de confrontos homogêneos e heterogêneos. Foi possível perceber como cada um lutava, quem vencia e sugerir explicações para o fato. Seguiram-se as regras estabelecidas pela turma, afinal, não havia qualquer preocupação em reproduzir o judô assistido nos vídeos, mas, sim, criar outras formas de praticá-lo, nas quais as relações segregacionistas que caracterizam as lutas fossem desestabilizadas em nome de uma prática menos desigual.

Ao questionar as crianças por que, por mais que tivessem a mesma idade e o mesmo tamanho, os meninos quase sempre venciam as lutas disputadas com as meninas, a turma respondeu que eles possuem mais força e estão acostumados a lutar. As respostas levaram o professor a reforçar a importância da discussão e das análises sobre as vivências, pois não se deve perder a oportunidade de debater as questões subjetivas que envolvem as práticas corporais. Era importante que a turma soubesse a razão de certas práticas favorecerem determinados grupos.

Os registros acumulados durante o projeto constituíram-se em documentos importantes para avaliar o processo. Permitiram identificar as mudanças nas representações e as questões que permaneceram abertas e que poderiam ser respondidas em outras ocasiões. Ambas, informações relevantes para o planejamento das atividades subsequentes.

O percurso desenvolvido permitiu às crianças entender que é necessário não somente combater todas as formas de sexismo, como também criar outras lógicas de convívio. A luta heterogênea é uma delas. Após muitas discussões, práticas, estudos, momentos em que as aulas não fluíam e outros em que tudo corria com tranquilidade, ao final do ano letivo, segundo avaliou o professor, tanto os meninos como as meninas puderam se apropriar, ampliar e aprofundar seus conhecimentos sobre as lutas e quebrar certos preconceitos no que diz respeito às diferenças observadas no início do trabalho com o judô.

Com a mão na massa

Ressignificar as lutas conhecidas

Levante as lutas conhecidas pelas crianças por meio de uma conversa ou atividade escrita. Coletivamente, peça que identifiquem suas principais características. Organize situações em que possam vivenciá-las com as devidas modificações em função das condições disponíveis e do perfil do grupo. Qualquer mudança proposta deve ser experimentada e avaliada pelos participantes.

Analisar criticamente as lutas

Depois de assistirem a vídeos disponíveis na internet das lutas conhecidas pelas crianças, proponha a análise dos gestos empregados, definição do vencedor, vestimentas, regras, locais de prática, formas de organização, procedimentos adotados, pontuação, graduação, entre outras características.

Confrontar diferentes posicionamentos

Estimule a turma a contrapor os aspectos identificados em lutas distintas, atribuindo-lhes significados: por que os cumprimentos são realizados de formas distintas? Por que na luta "x" não é permitido usar as pernas para golpear, enquanto na "y" todos os golpes são dados com as pernas? Por meio do diálogo, questione as respostas para incitar análises mais apuradas. Com antecedência, selecione pequenos textos ou sites que contenham informações sobre a gênese e a transformação sofrida pelas lutas.

Relacionar as lutas às identidades culturais

Com base nas informações acessadas, retome a vivência das lutas e desafie a turma a incorporar os componentes identificados nas atividades precedentes. Intercale momentos de vivência com discussões sobre as técnicas usadas pelas crianças: Por que agarrou dessa forma? Qual era sua intenção ao imobilizar o colega desse jeito? Essa técnica pertence a alguma luta ou foi criada por você? Com base nessa discussão, estimule as crianças a estabelecerem uma correlação entre a gestualidade utilizada e o grupo praticante.

Capítulo 5

Esportes

Diante de matérias televisivas reportando práticas esportivas menos conhecidas, é comum o estranhamento e a negação: "Isso não é esporte!" Bem corriqueira, a dúvida pode ser atribuída a uma concepção bastante restrita do assunto. Uma grande exposição a imagens de certas modalidades acaba gerando resistência àquelas cujas características possam distinguir-se do nosso referencial. É importante mencionar que os moradores de regiões geladas, montanhosas, arborizadas, quentes ou à beira de rios, lagos e mares praticam esportes mais adequados a esses ambientes. Muitos deles talvez pareçam estranhos a quem habita outras localidades. Além dos fatores naturais, os traços culturais também são determinantes. A criação e a recriação de uma prática esportiva estão intimamente relacionadas aos significados que lhes são atribuídos nos grupos que a produziram ou reproduziram.

O caso do futebol é bem interessante. Engana-se quem pensa que se trata de uma modalidade universal. Em alguns países chega a ocupar o quinto ou sexto lugar na preferência da população. Determinados povos não veem com bons olhos uma modalidade praticada predominantemente com os pés. A possibilidade de uma partida terminar com resultados pouco expressivos, tais como 0 × 0 ou 1 × 0, é outro fator que pode tornar o esporte desinteressante para muitos. Esses grupos certamente praticam modalidades que se alinham aos seus valores e que talvez sejam mais raras ou até inexistentes no "país do futebol". Mesmo assim, não deixam de ser esportes.

Em linhas gerais, é possível entender por esporte um sistema institucionalizado de práticas competitivas delimitadas, reguladas, codificadas e regulamentadas convencionalmente, cujo objetivo é medir e comparar o rendimento corporal. A igualdade de oportunidades e condições durante as competições, a organização burocrática e a busca de recordes figuram entre os seus atributos.

A prática esportiva, tal como ocorre com as demais atividades lúdicas, proporciona a criação de uma outra realidade, para além da vida cotidiana. O esporte é uma forma de satisfazer a necessidade de fantasia, utopia, justiça, estética, socialização, enfrentamento, conquista, mas também o gosto pelo inesperado, pelo imprevisível e pela busca da dificuldade gratuita apenas para ter o gosto de vencê-la. Sua capacidade inesgotável de encantar tantas pessoas se deve ao poder que o esporte tem de instigá-las a provarem a si mesmas e aos outros, de terem seus valores avaliados, reconhecidos e superados.

O esporte fascina justamente porque sugere uma mensagem de liberdade e igualdade, tornando possível o exercício da escolha sem o constrangimento de um sistema social, no qual os princípios da hierarquia e desigualdade desafiam o ideal de que todos têm os mesmos direitos. Inversamente ao que se dá no âmbito social, a prática esportiva, por meio da institucionalização das regras, posiciona seus atores da mesma forma, representando uma configuração que encanta e mobiliza os participantes.

O esporte não se encaixa na produção de bens materiais, mas serve para fins rituais de representação, além de estimular o prazer corporal e o ajuste ao limiar da dor, materializados na superação dos limites do corpo. A prática exige dedicação. É o que possibilita ao esportista algum reconhecimento, independentemente do grupo social ao qual pertence.

O que hoje se entende por esporte tem suas origens na Inglaterra dos séculos XVII e XVIII como produto de uma série de transformações dos jogos tradicionais, levadas a cabo pela aristocracia, sobretudo nas escolas que atendiam aos filhos da alta burguesia. O caráter empreendedor do povo inglês, o apreço pela demonstração de força física e a necessidade do controle dos comportamentos pela via da aprendizagem moral (o *fair play*), somados à necessidade de apaziguar e unificar a sociedade de então, cindida por disputas entre a nobreza e proprietários de terras, são tidos como fatores geradores do fenômeno.

Em seus primórdios, o esporte consistia na teatralização de combates. Vale recordar que muitos jogos populares da época, se fossem vistos com as lentes contemporâneas pareceriam extremamente violentos. Apesar da restrição da violência, imposta com o passar do tempo, tanto a prática quanto a contemplação despertavam emoções e canalizavam a energia dos participantes. A geopolítica local (afastamento do continente, população urbana, presença da aristocracia, maior mobilidade social), a força do parlamento, a interferência da Igreja na vida local, entre outras peculiaridades, favoreciam uma ocupação melhor do tempo livre mediante a separação ócio/trabalho, mas foi o contexto da Revolução Industrial que forneceu os ingredientes fundamentais para a gênese do esporte: a assunção do modo de vida burguês pelo Estado, as condições de vida dos trabalhadores, o sistema de transporte e comunicações, o crescimento demográfico, além de práticas como racionalização, classificação e medição, tão caras à manufatura. Tudo isso, aliado à codificação e à legislação de um governo parlamentar que consolidou a democracia. Veja-se, por exemplo, o caso do atletismo. Impulsionado pelos ventos da modernidade nos quais a máquina e a velocidade se sobressaíam, ganhou força devidamente patrocinado pelas novas elites industriais que instauraram o recorde como uma barreira a ser transposta pelos competidores.

Em suas origens, o esporte visava atender às necessidades educativas das classes dirigentes, cujo destino era ocupar os mais altos postos administrativos. A recriação dos jogos tradicionais incorporou aspectos próprios desses grupos. Ao mesmo tempo em que preenchiam seu tempo ocioso com rituais distintos dos populares, disseminavam seus valores às novas gerações. A inclinação das elites pela adoção de práticas recreativas sem caráter utilitário era vista como forma de encorajar os participantes, enobrecer o caráter e cultivar a vontade de vencer, desde que as regras fossem respeitadas. A vitória a qualquer custo estava fora de questão.

Se, por um lado, a crescente regulamentação, a gradativa supressão do aspecto lúdico e a jornada de trabalho excessiva dificultavam o acesso das classes mais baixas, por outro, a possibilidade de diversão e prazer, quer na condição de praticantes ou espectadores, a reterritorialização das práticas corporais nas camadas populares e, mais recentemente, a possibilidade de ascensão social fez com que o esporte, gradativamente, abarcasse adesões em todos os grupos sociais. Simultaneamente, as restrições cada vez mais intensas que a sociedade impunha às condutas e à manifestação das emoções tornava necessária a oferta de atividades compensatórias. Os eventos esportivos realizados em ambientes públicos vieram a calhar. Servindo como válvulas de escape, aliviavam as tensões e produziam efeitos catárticos.

A ampliação da quantidade de interessados fez germinar novas modalidades orientadas para a competição. Aos poucos, os hábitos esportivos das elites migraram para os setores populacionais menos privilegiados. Associações e clubes foram criados para unificar as regras em âmbito regional, além de fornecer árbitros para as competições cada vez mais numerosas.

A organização institucional, uma das marcas distintivas do esporte, deu-se no final do século XIX, bem ao gosto de uma sociedade industrial burocratizada.

À medida que o furor colonialista europeu se espalhava, aquilo que hoje se denomina cultura esportiva se disseminava. Num primeiro momento constituiu-se como prática exclusiva dos homens pertencentes às elites, gradativamente sendo absorvida pelos trabalhadores ingleses, e em pouco tempo, apesar das inúmeras formas de resistência locais, caiu nas graças de americanos, africanos, oceânicos e asiáticos.

A migração das elites para as camadas trabalhadoras desencadeou mudanças de função e significado no esporte. O empenho de um jovem esportista pertencente à aristocracia não era o mesmo que o do filho de um operário. Ao contrário do primeiro, que concebia o esporte como forma diletante de lazer, o sujeito oriundo do proletariado via no esporte uma das raras possibilidades de mobilidade social. As demandas pela profissionalização levaram à sistematização dos treinamentos e à crescente racionalização com vistas à máxima eficácia, traduzida em vitórias e recordes, sempre sob rígida supervisão daqueles que dispunham de poderes políticos para influir nas associações, eventos e regulamentos, beneficiando-se economicamente com a transformação do esporte em espetáculo, pela via da profissionalização dos praticantes.

Na Inglaterra do final do século XIX, círculos sociais bastante restritos frequentavam as competições de tênis, futebol e remo. Não obstante, nos Estados Unidos a prática dessas modalidades realizava-se principalmente nas universidades. A conversão dos eventos esportivos em espetáculo deu-se somente a partir dos Jogos Olímpicos de 1908, realizados em Londres, graças à significativa quantidade de recursos estatais investidos em divulgação e organização.

Paralelamente ao desenvolvimento industrial, a internacionalização das competições aliadas ao nacionalismo da primeira metade do século XX transformou os atletas em representantes de regiões e países, para quem a vitória possuía significados que transcendiam a experiência imediata. A cientificização do treinamento transformou-se em pré-condição para alcançar e manter posições de prestígio na esfera esportiva e no cenário político.

O aporte de recursos públicos foi definitivo na disseminação do esporte. A justificativa residia em seu papel determinante para a constituição da identidade nacional. A ritualização presente em eventos esportivos internacionais, com a participação de equipes representativas compostas por atletas nativos ou naturalizados, vestidos com as cores da bandeira e entoando hinos, reproduz, em certa medida, antigas contendas econômicas, geográficas ou culturais. Vencer na arena esportiva pode significar a derrota do inimigo no campo de batalha. Não por acaso muitas modalidades se fazem acompanhar da linguagem belicista com relação aos atletas (matador, gladiador, imperador, furacão, homem de ferro), às posições que ocupam (artilheiro, armador) e até mesmo à partida (confronto, embate, disputa).

A participação feminina merece uma análise mais detida. O esporte moderno surgiu, desenvolveu-se e se difundiu como uma prática masculina. A vinculação direta a qualidades como virilidade, competitividade e coragem, vistas à época como exclusivas dos homens, serviu de obstáculo ao envolvimento das mulheres. A persistência da segregação baseava-se no discurso preconceituoso que restringia a atuação feminina ao casamento e à maternidade, situações que mobilizavam valores e comportamentos opostos aos exigidos pela prática esportiva. Há que se acrescentar, ainda, argumentos que aludiam a uma certa "inferioridade biológica", a "características psicológicas específicas" e aos perigos da prática esportiva para a gestação. A influência desses discursos era tamanha que, até 1979, a legislação brasileira proibia as mulheres de jogarem futebol.

As primeiras modalidades praticadas pelas mulheres foram justamente aquelas consideradas mais apropriadas à sua "natureza" (patinação, tênis, esqui...). Posteriormente, o rol de possibilidades foi ampliado com a criação de esportes exclusivamente femininos, como o nado sincronizado. Reforçando aspectos característicos da chamada feminilidade (flexibilidade, graça, equilíbrio, coordenação motora), as questões estéticas despontavam como atributos principais enquanto as praticantes ficavam protegidas do confronto direto.

Desde meados do século XX[28] as mulheres vêm conquistando espaços significativos no terreno esportivo; todavia, não há indícios de que uma verdadeira integração qualitativa e quantitativa possa ocorrer. O mesmo pode ser dito em relação a outros grupos minoritários. O esporte segue como território dileto masculino, branco, heterossexual e cristão. Diante da atual configuração do sistema esportivo, qualquer pessoa que se afaste da identidade hegemônica, mesmo que seja um atleta bem-sucedido, terá muitas dificuldades para penetrar no restrito grupo daqueles que determinam a política do setor (dirigentes de clubes, federações e confederações).

Outro fator que viria a contribuir para a disseminação do esporte é seu entendimento enquanto atividade que exige do participante um esforço sobressalente àquele solicitado nos afazeres cotidianos. À época do surgimento dos métodos ginásticos[29], os esportes chegaram a ser adotados em alguns países como meio de desenvolvimento da força e das habilidades moto-

---

[28] Entre 1900 e 1924 a presença feminina nos Jogos Olímpicos era irrisória. Em Amsterdã (1928), a participação das mulheres chegou a 10%, e vem crescendo desde então.
[29] O assunto será abordado no capítulo 6.

ras, visando a formação de pessoas bem preparadas para servir o Estado. Desde então, a noção de atividade que contribui para a aquisição e manutenção da saúde corporal só fez aumentar. Com esse propósito, foram implementados diversos programas de incentivo à prática esportiva no último século. Recentemente, o esporte passou a ser visto também como medida de precaução contra os malefícios causados pela vida sedentária, como o estresse e tantas outras patologias, passando a figurar como política governamental de todas as colorações partidárias. Não deixa de ser interessante observar, ao menos no caso brasileiro, que independentemente do grupo que esteja no poder, essa forma de regular os corpos é constantemente recriada.

A trajetória de disseminação do esporte no seio da sociedade capitalista permite comparar as instituições que compõem o sistema esportivo a agências privadas que comercializam os espetáculos produzidos pelos atletas. Verdade seja dita: a força e a autonomia dessas entidades para determinar regras, organizar eventos e administrar os próprios recursos nunca foram questionadas. Paulatinamente, os campeonatos transformaram-se em formas de entretenimento altamente rentáveis. Para além dos dividendos financeiros, a expansão sem limites e o arrebanhamento de aficionados podem ser explicados pelo seu uso como instrumento de controle social extremamente econômico.

A massificação do esporte materializou interesses internacionais de demonstração de força, tecnologia e competência. A relevância da vitória nas arenas de competição justificava o apoio estatal a atletas e instituições responsáveis pelo treinamento. Para além do incentivo com recursos públicos, o esporte passou a receber a atenção do setor privado. Transformado em objeto de consumo para os momentos de entretenimento, atraiu as empresas interessadas em divulgar seus produtos no seio de uma sociedade que, cada vez mais, atribuía significados positivos à prática esportiva.

Eis o contexto em que surge a figura do atleta profissional. O êxito nas competições poderia significar promoção social e financeira, o que despertou o interesse de indivíduos pertencentes às classes populares que, para participar, viram-se na obrigatoriedade de assumir os valores e hábitos esportivos. Em que pese as diferenças em relação às políticas esportivas dos países comunistas e nacionalistas, no mundo capitalista valem as regras do mercado, com remuneração oferecida por clubes e entidades diretamente proporcional aos resultados esportivos alcançados. O mesmo acontece com a capacidade de atrair apoios. Atletas bem-sucedidos não apenas recebem melhores prêmios e salários, mas também conseguem reunir um montante maior de patrocínios. Obviamente, contam com o apoio de estafes altamente especializados, além de acesso a materiais esportivos e recursos científicos e tecnológicos de última geração.

Frise-se que a representação econômica, comercial ou política conferida aos esportistas profissionais contradiz radicalmente o espírito inicial do amadorismo, cujo prazer na prática e na recreação eram as maiores características. Até o século XIX, o caráter lúdico era preservado mesmo na rivalidade, que alcançava no máximo os membros de outro bairro ou de uma cidade vizinha.

O clima de seriedade imputado ao esporte e a consequente perda do caráter lúdico, ao menos para os competidores, podem ser verificados no sistema organizado por clubes e campeonatos, rigor das regras, disciplina tática, profissionalização, tecnologia empregada nos equipamentos etc.

Exercendo um importante papel na paisagem social do século XX, o esporte transformou-se em objeto de estudo de variadas áreas, com especial destaque para a sociologia, cujas análises apontam que as formas e significados do esporte moderno se desenvolveram como parte do processo civilizador.

Em termos práticos, equivale a dizer que a violência que marcava algumas das relações medievais cedeu lugar ao debate e ao refinamento das atitudes. A solução das contendas e o controle social gradativamente deixaram de recorrer de forma imediata e explícita a agressões entre as partes. Em certa medida, o estágio de civilização possui relação direta com as estratégias de controle da população: quanto mais pacífico o povo, mais civilizado ele é.

A chamada civilidade toma como base a centralização política e administrativa, a constituição de um relacionamento democrático para exercício do poder e o refinamento das condutas nas relações sociais e pessoais. Com o tempo, o que se viu foi a supressão do emprego de mecanismos coercitivos e um evidente aumento da consciência na regulação dos comportamentos. É importante frisar que o processo de transformação deu-se de forma concomitante. As modificações da sociedade desencadearam as mudanças no esporte.

Antes da formação dos Estados modernos, os jogos existentes consistiam em práticas sistemáticas de violência, dada a ausência de controles estáveis e centralizados, o que impedia sua generalização[30]. Com a instauração de um novo modelo social, as pessoas passaram a optar por atividades de diversão cujas regras preservavam sua integridade física, algo significativamente distinto das práticas corporais anteriores.

O esporte moderno e o processo civilizador estão profundamente imbricados. As práticas corporais regradas, ao mesmo tempo em que podem ser consideradas frutos desse processo, contribuíram para

---

[30] Com as ressalvas de que esta é uma análise feita com olhar contemporâneo.

o crescimento da economia e a disseminação de um determinado modo de vida ocidental no mundo globalizado. A responsabilidade pelo fato pode ser atribuída ao processo de homogeneização da prática e do consumo esportivos, fenômeno que se explica fundamentalmente por popularidade em escala mundial, interesse internacional em promover e participar de eventos competitivos, efeitos da mídia nos países do Terceiro Mundo e importância política do esporte.

A difusão pelo globo permite afirmar que o campo esportivo pertence a um sistema de práticas e consumo que se auto-organizam constantemente, nutrindo-se daquilo que acontece no seu entorno. As modalidades disponíveis se alteram conforme o tempo, sofrendo mutações decorrentes de apropriações e especificidades impostas pelas pessoas que delas participam.

Inicialmente situado no território do lazer e do tempo livre, o esporte enveredou pelo mundo do trabalho e, na passagem para o século XXI, alcançou a mercantilização. Basta verificar como as imagens produzidas pelos atletas altamente qualificados são tratadas como mercadorias. Muito embora as origens desse processo remontem à década de 1920 tanto nos Estados Unidos como na França, é possível afirmar que se radicalizaram nos últimos cinquenta anos. Em termos econômicos, o comércio que envolve alguns espetáculos esportivos permite relacionar sua promoção com o acúmulo financeiro. Trata-se de mero exemplo do consumo cultural que caracteriza os tempos atuais. É o cotidiano reapresentado como espetáculo. Atletas e suas performances são coisificados mediante um processo cultural de múltiplas dimensões, ao mesmo tempo local, regional e global.

Talvez alguém pense que as modificações sociais e o esporte estabeleceram um par dialético com o decorrer do tempo, onde incluídos e excluídos foram posicionados em lados opostos. Não foi bem assim.

A resistência e a transgressão têm sido cada vez mais frequentes quando determinados grupos travam contato com a cultura esportiva. É comum surgirem novas maneiras de praticar o esporte ou inventarem-se outros. Se, por um lado, o esporte europeu se espalhou pelo mundo, subordinou práticas corporais presentes em outras culturas "esportivizando-as" ou folclorizando-as, por outro lado apareceram diversas modalidades sem qualquer conexão com a matriz. Destaquem-se como exemplos brasileiros o biribol (adaptação do vôlei para piscinas de lazer) e o frescobol (tênis de praia com caráter lúdico).

No âmbito político, a prática esportiva foi investida de uma ideologia pautada nas boas relações entre os países, além de servir de exposição no cenário internacional. É bom recordar o papel exercido pelo esporte na criação ou no reforço de identidades nacionais, haja vista a quantidade de símbolos que o acompanham e que o aproximam de um determinado país (bandeiras, hinos, gritos de guerra, heróis etc.). Tal movimento identitário não deixa de ser um elemento de coesão devido ao poder de aproximar membros oriundos de diferentes grupos. O ambiente fabricado pela prática esportiva incentiva a adesão à ordem estabelecida, legitima a estrutura de poder, colabora para a estabilização do sistema social, conduz à hegemonia da classe econômica e politicamente dominante e se apresenta como modelo de comportamento social.

O fato é que, cada vez mais, as autoridades públicas fazem uso do esporte, e nele intervêm, com frequência crescente. É o caso, por exemplo, da necessidade de resguardar a segurança e a mobilidade populacional durante os espetáculos esportivos. A consequência é a habituação ao uso do aparelho repressor policial, o que reforça a necessidade da sua existência. A interferência estatal também pode ser percebida nas campanhas que exaltam a prática de esportes como forma de combate ao sedentarismo, melhorando concomitantemente a saúde e a força produtiva da população.

A afirmação do prestígio nacional quase sempre melhora a relação do governo com os cidadãos. Eis mais uma razão para o Estado influir no campo esportivo. Vitórias nas competições internacionais e a disposição para organizar eventos de grande porte costumam ser vistas como reflexo do desenvolvimento econômico. A participação direta dos poderes públicos nas atividades esportivas de massa, graças ao grande apelo nacional e internacional, ajuda a dirimir eventuais intrigas internas. É evidente que isso facilita a tomada de decisões e a produção de consensos em torno de questões de caráter econômico e político que, em outras circunstâncias, seriam difíceis de justificar. Também não se pode esquecer o uso do esporte para desviar a atenção da opinião pública dos problemas políticos.

Devido à canalização da energia da população, há quem diga que o esporte simultaneamente produz e descarrega emoções. Trata-se de um meio institucionalizado e lícito para alívio de ressentimentos, frustrações e decepções. O esporte é um grande catalisador mediante a existência de regras que impedem que a violência se manifeste durante o confronto, sendo apenas permitida de modo controlado. Por isso, é visto como uma disputa legítima na qual os contendores se permitem descarregar a agressividade sem perder o controle.

O forte lastro com a cultura popular talvez explique o fenômeno. A prática esportiva conclama lembranças de tempos passados, ao perpetuar rituais de culto a façanhas e feitos reais e imaginários. Os heróis de guerra foram substituídos pelos vencedores das competições. A novidade nesses tempos é a influência da indústria cultural na produção dos mitos esportivos. O culto aos atletas é abertamente fomentado pelos meios de comunicação. O papel que o esportista desempenha no atual cenário social mereceria uma análise à parte. O campeão é a referência a ser seguida, um modelo de comportamento, uma inspiração. Possuidor de eficiência comprovada pelos seus resultados, desperta a libido de uma sociedade que busca superar-se a todo instante. Advém daí a tentativa de controlar a conduta dos ídolos esportivos por meio de discursos moralizantes e conservadores. Entre as ocorrências mais recentes, destacam-se a perseguição pública àqueles atletas que participam de festas noturnas e a incorporação de discursos religiosos como indício de um comportamento ilibado.

O vencedor é a encarnação do sucesso, é a mercadoria que magnetiza olhares e sentimentos. Para assegurar o seu valor, o sistema esportivo se vê obrigado a renovar continuamente os ídolos. O campeão é o veículo da integração nacional, o mediador entre as massas e o Estado, o porta-voz do prestígio do país na paisagem internacional. Em certos casos, o campeão também é idolatrado por ter conseguido ascender na escala social, transformando-se em celebridade. Quando isso acontece, renova-se o espírito capitalista; afinal, o campeão é a prova viva de que o esforço compensa.

Todos esses elementos emaranham-se na relação entre as pessoas comuns e o ídolo. As glórias alcançadas nas arenas esportivas são compartilhadas pelos espectadores através de um processo de identificação. Foge-se da realidade por alguns instantes para mergulhar no lúdico, no êxtase do sonho. Quase tão bom quanto vencer é torcer pelo vencedor, acompanhar sua angústia, partilhar da mesma tensão que o aflige. Devido ao caráter público do fato esportivo, a massificação das sensações gera certa homogeneização social e perda de individualidade.

A questão é que o significado atribuído ao esporte transformou-se radicalmente nos últimos anos. Até meados do século XX o papel educacional através da inculcação de qualidades morais desejáveis era exaltado, justificando sua disseminação aos quatro cantos do mundo. Em apenas algumas décadas, esse idealismo ruiu. O esporte assumiu uma função narcísica, reforçando o individualismo competitivo dos seus praticantes. "Eu venço, eu consigo, eu posso" passou a ser o mantra repetido pelos competidores, quase sempre camuflado sob o eufemismo "superação". Transformados em objetos de contemplação e preocupados unicamente com as benesses que possam advir do sucesso nas competições, os atletas parecem cultivar um certo distanciamento das questões sociais mais amplas, inclusive daquelas que lhes dizem respeito diretamente.

A alienação com relação à organização da modalidade, à equipe técnica e à própria atividade profissional é decorrente da complexificação do sistema. O esportista transformou-se em mero apêndice de uma superestrutura burocratizada cuja finalidade e funcionamento não pode controlar nem compreender. O aparato apresenta tantas nuances, exigências e condicionantes que o atleta termina por aceitar a restrição das condutas com relação a horários, imagem, conteúdo das declarações públicas etc. Ademais, a submissão às ordens do treinador de maneira acrítica e a rotina mecanizada dos treinamentos acabam instaurando um estilo de vida peculiar, em que o sujeito não toma as decisões que regem a própria vida. Evitando qualquer tom generalista, não se pode esperar posicionamentos contestadores com relação aos problemas que atingem a sociedade de alguém que se vê impelido ao silêncio e a obedecer cegamente as ordens que promanam de outrem. Os obstáculos criados para aqueles que atuam no sentido contrário materializam esse processo. Extrapolando as tentativas de silenciamento, há casos de banimento das competições devido a atos de resistência por parte de atletas, que passam a ser vistos como indisciplina e insubordinação. Quando a ação é coletiva, tem sido comum o afastamento voluntário de esportistas individuais e até de equipes inteiras para a criação de ligas paralelas com regulamentos específicos.

Os esportes na escola

A discussão arrolada nas páginas anteriores põe por terra qualquer proposta didática de cunho acrítico voltada para a socialização dos códigos esportivos entre as crianças ou a angariar adeptos para a prática esportiva. É importante lembrar que os sujeitos da educação também são cidadãos do mundo e, sendo assim, deparam-se cotidianamente com discursos, noções, fragmentos, representações e conhecimentos alusivos ao esporte. Cada qual analisa o que vê e ouve ao seu modo, atribuindo-lhe significados variáveis.

Advém daí a importância de proporcionar situações pedagogicamente organizadas para que a criança tenha condições de compreender a ocorrência do fenômeno esportivo e, assumindo sua condição de sujeito da cultura, possa atribuir-lhe novos significados. O objetivo deve ser estabelecer uma relação mais crítica e qualificada com o esporte, ser capaz de entendê-lo e produzi-lo na escola em conformidade com as características do grupo.

Empreender uma nova leitura dessa prática corporal é uma forma de dar início aos trabalhos. Apesar de tudo o que se disse anteriormente, é importante frisar que o esporte também pode se constituir em uma experiência estética e prazerosa para todas as crianças. Para tanto, é imprescindível experimentar a condição de autoras, elaborando novas formas de fazer.

Um aspecto que merece ser ressaltado é o papel do esporte na constituição de identidades sociais que, como se sabe, não podem se formar em relação a si mesmas. As identidades são construídas mediante o confronto com as práticas discursivas. Todos somos constantemente interpelados a assumir determinadas posições de sujeito concordantes ou opostas aos discursos postos em circulação. Frise-se que a arena esportiva oferece um espaço aberto ao conflito, à expressão de rivalidades e diferenças sociais, apesar da regulamentação que caracteriza o espaço. É nesse emaranhado que o praticante terá sua identidade exaltada ou desqualificada, sempre em conformidade com o contexto em que se encontra. A depender do grupo que participa e da modalidade em tela, qualquer um poderá figurar como identidade ou diferença. Quanto mais variadas e interseccionadas forem essas experiências, melhores serão os efeitos pedagógicos.

Ao compreender a escola como espaço em que se produzem, reconstroem e analisam significados é desejável que as crianças vivenciem as modalidades esportivas presentes no universo cultural próximo e afastado. Também é fundamental refletir criticamente acerca das representações veiculadas sobre elas, bem como sobre os seus praticantes. A intenção é oferecer a cada criança a oportunidade de travar contato com as diversas identidades que coabitam a sociedade.

A produção de significados a partir da crítica ao patrimônio cultural esportivo deve ser o eixo das ações docentes. Nessa perspectiva, o trabalho pedagógico transforma as interações escolares numa relação dialógica entre o professor, as crianças, a comunidade e os diversos esportes constituídos como artefatos da cultura.

A partir daí, o desafio consiste na elaboração de atividades didáticas que viabilizem a construção do diálogo entre as múltiplas lógicas que atravessam a prática esportiva. Ora, não se pode esperar que todos os docentes partilhem dos significados que os praticantes de parkour atribuem à modalidade. O mesmo pode ser dito sobre os jogadores de boliche, xadrez, rúgbi, golfe ou truco. Muito provavelmente, cada grupo cultural significa diferentemente suas práticas esportivas. Vistas como artefatos gerados no campo de disputas da cultura, transportam os signos dos grupos que as criaram e recriaram.

A tematização de uma modalidade esportiva não poderá se basear apenas no reconhecimento das diferenças para aceitá-las, pois significaria tratá-las como produtos exóticos oriundos de grupos desqualificados. O que se defende é que as marcas culturais do esporte (gestos, adereços, representantes, história, regras, vestimentas, táticas etc.) sejam alvo de leitura crítica, reflexão e vivência, quando for o caso. Somente assim será possível organizar situações respeitosas de diálogo cultural e proporcionar uma dinâmica de inovação e enriquecimento para todos os participantes.

Os conteúdos a serem aprendidos, isto é, as representações e conhecimentos relacionados ao esporte transformado em objeto de estudo, emergirão da problematização desencadeada pelas atividades de ensino e do esforço do grupo para sanar questões que possam surgir diante dos diferentes pontos de vista apresentados (das crianças, do professor, de atores externos etc.).

O professor deve permanecer atento às relações embutidas na trajetória e organização da prática corporal tematizada, procurando ajudar o grupo a significá-las. Poderá indagar a turma acerca das condições assimétricas de participação dos sujeitos, questões de gênero, consumo, história, formas de organização da prática, gestos e recursos empregados, entre outros aspectos. Em termos gerais, é importante que as atividades de ensino priorizem o diálogo sobre os diversos significados apreendidos durante a leitura da gestualidade que caracteriza um determinado esporte.

Quando, pela primeira vez, alguém se defronta com um grupo de jovens manobrando seus skates de forma arriscada, talvez não compreenda bem do que se trata. Ao observá-los por alguns momentos, certamente atribuirá significados àquela prática corporal e, se estiver acompanhado por um amigo, trocará impressões. Guardadas as diferenças, procedimentos semelhantes deverão ser estimulados durante as aulas. As crianças devem ser posicionadas como leitoras e produtoras da prática esportiva para que alcancem uma compreensão melhor dos seus significados. No caso em foco, as técnicas empregadas pelos skatistas, suas vestimentas, gírias, regulamentos das competições etc. constituem-se em signos passíveis de leitura. Para que isso aconteça, o professor pode organizar vivências, alternando executores e observadores, apresentar vídeos, coletar relatos de skatistas, entre outras atividades.

O diálogo com praticantes e a possibilidade de vivenciar a modalidade dentro das condições ofertadas pela escola são caminhos adequados para uma compreensão mais aprofundada da modalidade esportiva como objeto de estudo. Em suma, as atividades de ensino devem promover tanto a leitura e significação dos códigos dos skatistas quanto a produção de novos gestos pelas crianças.

É importante estimular a interação entre os diversos sujeitos, além da reorganização e discussão de outras possibilidades de vivência, sempre acompanhadas da devida significação. O contato com uma variedade de formas de expressar e comunicar um esporte contribuirá para ampliar o repertório coletivo da linguagem corporal.

Esse processo será melhor caso o professor investigue *a priori* os aspectos mais relevantes acerca do esporte como objeto de estudo, planeje adequadamente as situações didáticas e dialogue com o grupo de crianças acerca dos objetivos que pretende alcançar e da proposta de trabalho a ser desenvolvida.

Considerando as inúmeras possibilidades de tematização do esporte na escola, não há como sugerir um roteiro a ser seguido. O professor não pode abdicar da autoria da própria prática. Cabe-lhe a responsabilidade pela organização, desenvolvimento e avaliação das ações pedagógicas. Como se verá a seguir, o grau de abertura das orientações didáticas permite que as atividades que caracterizam cada uma das etapas levem em consideração as peculiaridades da escola e dos seus sujeitos.

Orientações didáticas

Para iniciar os trabalhos é fundamental coletar informações acerca do patrimônio cultural esportivo das crianças, que abrange conhecimentos e representações referentes aos esportes vivenciados, disponíveis no entorno da escola ou presentes no universo mais amplo, aqui incluídos os meios de comunicação. Recomenda-se, entre outras ações, um passeio pelas ruas do bairro e conversas com os membros da comunidade.

O diálogo com as turmas, os funcionários e os professores é um instrumento eficaz para identificar os esportes que conhecem. É importante propor algumas atividades de mapeamento, como questionários, desenhos, narrativas etc. Além da possibilidade de acessar e ampliar as informações obtidas, uma conversa direta durante as reuniões com os responsáveis pelas crianças permitirá acessar informações relevantes. Nessas ocasiões, o professor poderá descobrir não só materiais ou recursos que enriquecerão o processo didático através de colaborações (fotos, imagens, álbuns de família, troféus, artefatos correspondentes às práticas etc.), como também apontar futuros convidados para entrevistas, palestras e apoio nas atividades.

Com base na análise dos dados coletados, o professor terá melhores condições para organizar seu plano de trabalho e decidir quais modalidades esportivas serão problematizadas no decorrer do período letivo.

O ponto de partida da tematização do esporte é a sua prática social. Sugere-se que o professor proponha coletivamente a significação da ocorrência daquela prática corporal. Para tanto, poderá apresentar uma foto, filme, relato, reportagem ou recorrer a demonstrações das crianças. Diante da representação visualizada, as crianças serão convidadas a analisar gestos, características dos praticantes, locais onde o esporte é praticado, especificidades da modalidade, funcionamento, entre outras possibilidades. Os posicionamentos devem ser valorizados e acompanhados do devido questionamento, a fim de socializar hipóteses explicativas sobre o que é percebido. Todas as significações são bem-vindas, o que não quer dizer que sejam aceitas. Inclusive as leituras realizadas pelo próprio docente também precisam ser submetidas à análise.

Nas atividades seguintes o professor promoverá situações didáticas que priorizem a vivência do esporte, submetendo-a também à leitura e significação. Diante das diferenças entre a ocorrência social da prática corporal e as formas possíveis de serem realizadas na escola (conforme o número de crianças, espaço, tempo, material etc.), o grupo será estimulado a produzir novas maneiras de vivenciar o esporte. As peculiaridades de cada grupo e de cada escola são levadas em conta por ocasião da reconstrução coletiva da prática, proporcionando às crianças uma experiência real da dinâmica cultural. Vale lembrar que tanto participa aquele que lê a gestualidade e sugere modificações quanto quem a executa. Essas posições devem ser alternadas ao longo das atividades de ensino.

As crianças devem ser estimuladas a propor modificações nas formas e nos conteúdos da modalidade vivenciada sempre que alguma dificuldade se fizer presente. Também é importante que as sugestões apresentadas sejam experimentadas e avaliadas coletivamente, podendo permanecer ou ser substituídas a partir das percepções dos participantes. Cabe ao docente propor análises das mudanças que já ocorreram na prática corporal, para que as crianças possam compreender o jogo cambiante da construção dos significados da cultura e as relações de poder que a estabelecem. Destarte, entenderão que não existe uma forma definitiva de jogar e, por conseguinte, de pensar, analisar etc.

O professor também deverá organizar atividades para aprofundar e ampliar os conhecimentos das crianças. Aprofundar significa conhecer mais criteriosamente o esporte estudado, identificando aspectos que lhe pertencem mas não surgiram nas primeiras leituras e significações. Pesquisar a história da modalidade na comunidade, na região, no país etc., por exemplo, permitirá o questionamento de discursos ingênuos que mascaram nuances que não interessam a determinados grupos. O que não significa descobrir suas condições de origem, nem tampouco todas as suas transformações. Informações respectivas à chegada do esporte na cidade na qual a escola está situada normalmente são mais relevantes para as crianças do que a trajetória apresentada nos livros. Logo, entrevistar os praticantes mais antigos, vasculhar notícias dos jornais e revistas ou visitar as sedes de associações e clubes são propostas interessantes.

Ampliar, por sua vez, implica disponibilizar elementos até então desconhecidos com relação ao tema de estudo (regras, técnicas, lendas, histórias etc.). A ampliação pode ser feita de forma sistematizada por meio de atividades de ensino com esse fim ou de situações que promovam o diálogo entre as crianças.

É desejável que o aprofundamento e a ampliação recorram a outros discursos e fontes de informação, preferivelmente àqueles que apresentam perspectivas distintas e contraditórias em relação ao que foi acessado mediante as atividades propostas. Visitas aos espaços onde o esporte é praticado, palestras com especialistas ou pessoas que vivem o cotidiano esportivo, oficinas demonstrativas com pessoas que praticam o esporte formalmente e estão matriculados em outras turmas da escola, análise e significação de textos dos diversos gêneros literários, entre outras ações, promovem a ampliação dos conhecimentos mediante o acesso a outras representações sobre a prática estudada.

Todas as atividades de ensino requerem a construção de registros que documentem a coleta e facilitem a socialização e discussão em sala de aula. As observações, análises e modos de significar tudo o que acontece subsidiarão a avaliação do trabalho pedagógico. Para além de observar, é fundamental registrar os encaminhamentos efetuados, as respostas dos educandos, as eventuais mudanças de rumo nos trabalhos, como também arquivar alguns exemplares dos materiais produzidos durante as aulas ou a partir delas. A coleta de informações sobre o processo subsidiará a reflexão a respeito da prática pedagógica desenvolvida e fornecerá indicativos dos acertos e equívocos que possam ter ocorrido durante as atividades de ensino.

Uma vez que o mapeamento indicou a cultura esportiva de chegada, a documentação que o professor acumulou ao longo do processo facilita a identificação das insuficiências e alcances das aprendizagens das crianças. Todas as atividades propostas merecem um olhar atento, especialmente no tocante às relações que se estabelecem entre os sujeitos envolvidos e entre eles e os conhecimentos abordados. Com frequência, os questionamentos, interesses e conflitos identificados pelos participantes são um indício da necessidade de elaborar e conduzir novas atividades de ensino.

Ao finalizar o estudo sobre a prática corporal, o educador pode organizar uma atividade avaliativa específica (responder a questões abertas ou fechadas, redação, relato, depoimento etc.), para analisar em que medida os procedimentos didáticos realizados naquele período letivo contribuíram para ampliar o repertório de representações do grupo. Uma análise mais detalhada do produto final que as crianças elaboraram (diário, anotações, criação de jogos, adaptação de regras etc.) em consequência das atividades, quando entrecruzada com os registros do processo, configura um material privilegiado para avaliar os resultados do trabalho educativo.

Nessa concepção de avaliação, o professor, antes, durante e ao final das atividades de ensino, deve recolher informações que lhe permitam refletir sobre as ações didáticas propostas. Aconselha-se a manutenção de um "diário de campo" onde constem as impressões e análises pessoais realizadas durante o percurso. A análise do documento, para além de subsidiar o educador visando a continuidade das ações didáticas, possibilitará a necessária reflexão sobre o próprio processo formativo.

Relato de experiência: um olhar diferente para o futebol[31]

Esta experiência pedagógica foi desenvolvida pela professora Dayane Maria de Oliveira Portapila junto

---
[31] A primeira versão do documento foi produzida por Nyna Taylor Gomes Escudero após entrevistar a professora responsável.

a uma turma do 3º ano do Ensino Fundamental localizada no município de São Paulo. O cenário abriga duas realidades economicamente distintas. As crianças residem no entorno da escola: a maioria procede de duas favelas próximas, vizinhas de um bairro de classe média alta. Algumas utilizam um parquinho e uma área verde do bairro vizinho para brincar; contudo, os espaços mais requisitados são um campinho e a própria escola, que aos fins de semana permanece aberta à comunidade.

A instituição possui salas de leitura e de informática, cujos computadores, durante o projeto, encontravam-se em manutenção. A sala de vídeo é no refeitório, motivo pelo qual não pode ser utilizada na hora do intervalo. No período da manhã atende as turmas do Ensino Fundamental II (6º ao 9º ano), à tarde, as do Fundamental I (1º ao 5º ano) e à noite, a Educação de Jovens e Adultos (EJA).

A professora procedeu a uma leitura inicial da realidade e, ao fazê-la, constatou a raridade de espaços para o lazer na região e que as práticas mais presentes na comunidade eram empinar pipa e jogar futebol. Também identificou uma criança que frequentava a escolinha de futebol e outras que participavam de atividades diversificadas no Centro da Juventude localizado no bairro.

Para a composição do mapeamento inicial, faltavam as informações colhidas com a turma. Por essa razão, Dayane reuniu as crianças numa roda de conversa e perguntou quais jogos ou brincadeiras eles faziam fora da escola. As informações foram listadas na lousa. Considerando que as respostas ratificaram sua leitura e tendo ainda por base o mapeamento do entorno, a professora optou pela tematização do futebol.

Dando prosseguimento ao mapeamento, as crianças relataram o que sabiam sobre futebol, curiosidades, dúvidas e o que queriam aprender: chute, passe e chute a gol. Tencionando o envolvimento dos pais, a professora ditou algumas questões para serem respondidas em casa:

1. Como você joga futebol? Onde?
2. Na região, onde podemos jogar futebol?
3. Conhece alguém que possa vir à escola ensinar algo sobre futebol?

Em seguida foram para a quadra a fim de vivenciar o futebol da forma conhecida. Lá chegando, para falar sobre futebol, remeteram-se às regras comumente aplicadas e discutiram e elaboraram outras. Foram compostas três equipes de onze participantes, meninos e meninas.

No final da vivência, a professora sentou-se com as crianças para analisar a experiência e ouvir as impressões sobre o jogo. Observou que todas as colocações se referiam ao futebol de campo. Muitos se queixaram de que a quantidade de crianças dificultava o jogo, além de utilizarem regras diferentes. Uns chutavam com o pé na hora de sair, outros jogavam com a mão.

A professora Dayane percebeu que a referência de futebol para as crianças era o futebol de campo. Como o campo de futebol não é um espaço muito acessível à maioria do grupo, ainda que exista um nas vizinhanças da escola, a docente deduziu que o acesso a essa prática se dava principalmente pela mídia televisiva.

No caso da turma do 3º C, é possível inferir que a representação predominante seja a do futebol de campo, pois outras variações desse esporte são pouco veiculadas nos meios de comunicação. Para eles, esse é o futebol verdadeiro, razão pela qual seus códigos serviram de comparativo para a análise do jogo que praticaram.

A partir da significação de seus registros, a professora propôs a leitura de um jogo amistoso de futebol de campo entre Barcelona e Malásia, realizado em Kuala Lampur em 10/8/2013, para, na sequência, as crianças apontarem em voz alta algumas características registradas na lousa pela docente e, no caderno da turma. A cada dia esse caderno ficava com uma criança, cujo compromisso era registrar o que aconteceu, para que o grupo pudesse visualizar o caminho percorrido.

Ao promover a audiência do vídeo, a professora tinha por objetivo a leitura e caracterização da prática, de forma que o grupo percebesse que não seria possível jogar na quadra da escola o futebol a que haviam assistido no vídeo. Para isso seria necessário ressignificá-lo. Os comentários das crianças foram anotados: "escanteio; falta; pênalti; sai a bola, é do outro time; impedimento; campo; arquibancada; o gol; 22 jogadores; Neymar; juiz; treinador; narrador; bandeirinha; dois tempos; resgate; massagista; torcida fica cantando; líder de torcida; vestiário; substituições; placar; reserva; técnico; expulsão; gandula, chutam a bola alto. Onde ficam a Malásia e Barcelona?"

Quando questionadas se já haviam ido a um estádio, uma menina afirmou que o tio trabalhava no Morumbi e comentou sobre a segurança para entrar: "Homem revista homem e mulher revista mulher". Outros sugeriram a vivência de um campeonato em que eles jogariam do jeito que viram na TV.

As observações das crianças revelaram certa familiaridade e compartilhamento dos significados desse artefato da cultura corporal, além de evidenciarem que o acesso a essa prática não se dá indo aos estádios.

Considerando os dados colhidos durante o mapeamento a respeito da gestualidade (passes e dribles), característica da modalidade, bem como a proposição das crianças na aula anterior, a professora seguiu levantando os conhecimentos das técnicas de futebol, anotando-as na lousa. Primeiro os passes: peito, joelho, cabeça/pescoço, goleiro com a mão, peito de pé/lateral, chapa, dedão, três dedos, calcanhar, ombro, cobertura com pontapé, e finalizou com os dribles: carrinho; carretilha, elástico; drible da vaca; pedalada; bicicleta; voleio; letra; embaixadinha. Na sequência, vivenciaram a prática corporal na quadra, conforme haviam assistido na televisão. Contudo, diferentemente do oficial, no jogo do terceiro C todos participaram. Uma criança assumiu a posição de narradora e outra se responsabilizou pelo registro.

No início da aula seguinte, quando convidada a ler suas anotações para a turma, ela pediu à professora que o fizesse. Seguindo a relação do que fora registrado, o grupo retomou a aula anterior e se dirigiu à quadra para vivenciar os passes e os dribles. A turma foi dividida em quartetos. Dois meninos ficaram responsáveis por explicar o gesto por solicitação das meninas, que alegavam que eles sabiam mais e poderiam ensinar.

A lista de técnicas a serem vivenciadas era extensa, razão pela qual a professora elegeu cinco formas de chutar; as demais ficariam para as aulas subsequentes. Enquanto uns explicavam, outros realizavam. Algumas crianças tiveram dificuldades na realização devido ao peso da bola, que, por ser muito leve, subia demais, como destacaram. O encontro letivo foi encerrado com uma criança comprometendo-se a registrar o que tinha acontecido. A professora observou que, no início, a prática de registrar não havia sido muito bem acolhida, todavia, com o passar do tempo, ela havia se consolidado. A criança que ficava com essa incumbência era acompanhada pela professora, que fazia as intervenções para ajudá-la. Isso a deixava mais segura no momento de socializar a sua produção.

A professora deu prosseguimento às vivências do chute com uma organização semelhante à da aula anterior. As crianças experimentaram chutar de peito de pé, lateral, chapa, dedão, três dedos e calcanhar.

Na continuidade, foi retomada a questão que ficara pendente no encontro no qual o jogo Malásia x Barcelona havia sido analisado: onde ficam essas localidades? A professora apresentou o mapa-múndi a fim de que visualizassem os lugares e percebessem a distância. Em seguida, perguntou por que eles jogavam da mesma forma e como eles se comunicavam se moravam tão longe. Uma criança disse que estavam jogando o mesmo campeonato, por isso utilizavam as mesmas regras, outra mencionou a FIFA, afirmando ser a entidade que organiza os campeonatos, fazendo sorteio para escolher a ordem dos jogos. Explicou que cada campeonato tinha uma organização, exemplificando que a Copa do Mundo de Futebol era responsabilidade da FIFA.

Algumas crianças perguntaram se os atletas dos dois times falavam a mesma língua; as colegas responderam que embora não falassem o mesmo idioma poderiam jogar em outros países, ou seja, qualquer time pode contratar um jogador de outro país. Contudo, na Copa do Mundo, esses jogadores retornam ao país de origem para defender a sua bandeira, caso sejam selecionados. Citaram o Neymar, que está jogando no Barcelona, mas também joga pela seleção. Falaram também dos jogos de videogames, mencionando que alguns permitiam trazer jogadores de outro país e outros não, justificando que eram da seleção. Retomando a lista dos dribles, foram escolhidos quatro para a vivência. Duas crianças fizeram a demonstração; em seguida, dividiram-se em pequenos grupos para executá-los.

No encontro seguinte, após pesquisar algumas instituições que organizam campeonatos de futebol, a professora propôs uma atividade com o jornal *Lance*, no qual circulam as notícias de esporte, principalmente de futebol. Questionados sobre a quantidade de notícias da modalidade, responderam que "o futebol é o esporte mais jogado no Brasil e o que todo mundo gosta". A professora leu uma reportagem em que eram mencionadas a FIFA, a CBF e a Conmebol e procurou, com a turma, associá-las aos seus respectivos campeonatos.

Distribuiu jornais às crianças, divididas em trios, e pediu que encontrassem respostas às perguntas que havia escrito na lousa: Que campeonato você identificou? Quem o organiza? Qual o regulamento? Antes, com a ajuda do grupo, explicou o sistema de pontos corridos e o mata-mata. Ao começar a atividade, surgiram dúvidas relacionadas ao conceito de regulamento. A professora explicou que eram as regras do campeonato e pediu que identificassem se o evento relatado na parte do jornal que cada grupo recebeu era realizado no formato mata-mata ou pontos corridos. Alguns grupos estavam com a tabela do Brasileirão da série B e outros com a da série A. Após responderem às três perguntas, a professora solicitou que identificassem o que acontecia com os quatro primeiros da tabela da série A e com os quatro últimos. O mesmo procedimento deveria ser adotado pelos grupos que estivessem com a tabela da série B. As crianças mencionaram que os primeiros colocados da série A participariam da [competição internacional] Libertadores da América e os últimos quatro iriam para a série B e, na série B, os quatro primeiros iam para a série A e os quatro últimos iam para a série C.

Questionada sobre a última série do campeonato, a professora pediu às crianças que buscassem no jornal a resposta. E ela veio rápido. Alguns grupos já haviam localizado a informação. O jornal mencionava até a série D. Uma vez compreendida a dinâmica da competição, as crianças passaram a analisar as classificações para verificar qual clube estava em primeiro, em segundo etc., quando uma criança comentou: "Se o São Paulo ganhasse ontem ficaria na frente do Corinthians". Cada grupo entregou suas respostas, mas não houve tempo para elaborar a síntese da aula, que foi retomada no dia seguinte, começando pela leitura do caderno de uma criança.

A fim de dar prosseguimento à vivência dos dribles, a professora apresentou um vídeo disponível na internet. As imagens mostram passo a passo a execução de diferentes tipos. A turma conheceu aqueles que ainda não haviam sido praticados: carretilha, drible da vaca, pedalada e elástico. Passando à quadra, a professora retomou a organização das aulas anteriores, na qual os meninos se sobressaíam sendo legitimados pelas meninas, que realçavam a habilidade de ensinar que eles possuíam. Em posição de inferioridade e dependência, as meninas limitavam-se a atender aos comandos. Isso levou a professora a organizar situações didáticas que possibilitaram colocar sob suspeita essa condição.

Para problematizar a narrativa única sobre futebol, alicerçada na crença de que esse esporte é uma prática do universo masculino, a docente selecionou e apresentou três vídeos: o primeiro trazia uma reportagem exibida pela Rede Globo, na qual uma menina de 15 anos, que faz embaixadinha, visita o Centro de Treinamento do Grêmio. Além de expor uma figura feminina realizando gestos próprios do futebol, a matéria a colocava na condição de quem ensina os jogadores que revelam não possuírem o mesmo domínio que a garota. O segundo mostrava mulheres fazendo embaixadinhas e o terceiro trazia os melhores momentos do jogo de futebol feminino Brasil x Estados Unidos, destacando a figura da atleta Marta. A jogadora foi lembrada por uma criança, que mencionou o programa de televisão "Menino de Ouro", em que a futebolista participa ensinando meninos.

A assistência aos vídeos provocou certo estranhamento em relação ao fato das habilidades femininas. Percebendo a surpresa, a professora perguntou: as mulheres não sabem ou não conseguem jogar futebol? Por que as nossas meninas não desenvolveram habilidades semelhantes às das mulheres que vimos nos vídeos? E ensinar, será que apenas os meninos sabem? Quanto tempo vocês acham que a jogadora que aparece no vídeo treina? As respostas da turma revelaram que aquilo que parecia verdade — os homens eram melhores no futebol — poderia não sê-lo.

Finalizando o trabalho com a problematização da visão monocultural acerca do futebol, a professora levou o grupo a refletir sobre como e onde as habilidades masculina e feminina são construídas. Emergiram os seguintes posicionamentos: na família, quando o menino ganha uma bola e a menina ganha uma boneca; na escola, quando se reforça a ideia de que somente os meninos são capazes de aprender e ensinar futebol; na mídia, mediante o tempo de exposição do futebol masculino etc. A discussão possibilitou às crianças perceberem que o desempenho no futebol nada tem a ver com o gênero, mas com a experiência na prática. Algo que é culturalmente disponibilizado a muitos meninos desde pequenos.

Com a mão na massa

Coletar informações sobre o patrimônio cultural esportivo

Inicie uma conversa com as crianças a respeito das práticas esportivas do bairro: Conhecem pessoas que praticam esporte? Existem lugares para a prática esportiva na região? Quais modalidades são praticadas? Quem participa? Em que horários? Durante o trajeto de casa até a escola, peça que observem e registrem qualquer imagem, texto ou local que tenha relação com um esporte: propagandas, ambientes de prática, lojas de materiais esportivos, bandeiras, adesivos etc. Elabore uma lista com os esportes identificados.

Valorizar o posicionamento e estimular a construção coletiva das vivências

Eleja uma modalidade como objeto de estudo. Peça às crianças que registrem tudo o que souberem sobre ela. Organize a vivência no formato conhecido das crianças, incorporando alterações à medida que surgirem dificuldades.

Vivenciar a prática esportiva, submetendo-a à análise crítica

Interrompa a vivência sempre que necessário para discutir os procedimentos das crianças durante a prática. Submeta à análise do grupo as técnicas e posturas adotadas. Peça que estabeleçam relações entre as próprias atitudes e o que veem na televisão. Levante sugestões para melhorar aquilo que, aos olhos do grupo, não parece bem.

Procure saber o que as crianças pensam sobre os esportes estudados e seus praticantes

Peça que justifiquem suas opiniões.

Por que pensam dessa forma? Será que, no passado, essas modalidades foram vistas desse modo? O que leva as pessoas a praticar esportes? Todas têm o mesmo objetivo? Selecione documentários, notícias de jornal, artigos de revista ou entrevistas com antigos esportistas que veiculem significados produzidos em outros contextos.

Após a leitura dos textos ou a assistência aos vídeos, convide o grupo a apresentar suas conclusões.

Capítulo 6

Ginásticas

O significado atribuído à ginástica sofreu várias transformações desde a sua criação, por volta do século IV a.C. Concebida de diferentes formas ao longo do tempo, na atualidade, o que se vê é a atribuição de sentidos distintos e uma grande variedade de modalidades.

No passado já se utilizou o termo ginástica como referência à atividade física em geral. A origem do termo deve-se às práticas corporais realizadas na Grécia antiga por uma parcela bastante restrita da população. *Gymnikos* eram os exercícios corporais e *gymnós* era o modo de praticá-los, sem armaduras, apenas com uma túnica e, muitas vezes, completamente despidos de vestes e preconceitos.

Os gregos entendiam por ginástica a totalidade dos exercícios realizados nos ginásios voltados para saúde, beleza[32] e força: pentatlo (corridas, saltos, lançamento de disco e dardo, luta), pancrácio, jogos, danças, equitação, marcha, cavar, cavalgada, caça, corte de lenha etc. Como característica geral, considerava-se ginástica a atividade que, convertida em exercício, aumentava a fadiga e estimulava o ritmo respiratório.

Tamanha era sua relevância e influência no bem-estar físico que o médico Erasístrato passou a denominá-la *hygiene* no século III a.C., expressão ainda presente e que permanece como um dos significados atribuídos a essa prática corporal.

Naquela época, os conhecimentos abarcados pela ginástica incluíam dietas, massagens (dura, mole, prolongada e breve) e exercícios. Os médicos divergiam sobre a sua utilidade, agregando-lhe funções

---

[32] Naquele contexto, a beleza guardava um sentido estético, de cunho artístico, da prática corporal.

diversas. Era empregada para depurar os humores[33], diminuir a gordura em excesso, tratar doenças, estimular os órgãos dos sentidos e desenvolver a fala, o pensamento e a respiração. Periodicamente, o conjunto de práticas corporais que compunham a ginástica grega fazia parte dos Jogos Olímpicos, no formato de competições.

Não obstante algumas aproximações, é importante frisar que as formas ginásticas atuais não têm origem na Antiguidade. O uso do mesmo termo para designar elementos tão distintos apenas serviu para ampliar a confusão. Às diferenças conceituais e de execução dos exercícios, podem ser acrescentadas outras de sentido moral e espiritual. A ginástica grega estava profundamente relacionada a questões étnicas e religiosas, vínculos que desapareceram por completo na atualidade, e também a valores como disciplina, respeito, superação dos limites etc. Os exercícios eram praticados com elevado sentido patriótico[34], além do tom de oferenda e contemplação. Os torneios eram festas religiosas populares e as competições tomavam parte do culto. Cada ginásio era protegido por uma divindade, cuja imagem figurava à porta, como forma de homenagem. O diretor do estabelecimento assumia, simultaneamente, funções sacerdotais. Nesse contexto, a ginástica era vista como benefício ao povo e à cidade.

Como se sabe, a prática restringia-se aos cidadãos gregos livres, que tinham acesso à educação da qual a ginástica (arte do corpo) era parte fundamental. As mulheres e os escravos estavam excluídos. A proibição devia-se à vinculação existente entre a ginástica, a religião e a etnia, uma vez que se supunha que

---

[33] Fluidos corporais.
[34] Neste caso, o termo não tem a conotação atual, construída a partir da consolidação do Estado-nação. O sentido patriótico da ginástica grega refere-se à exaltação dos valores partilhados pelos sujeitos livres que habitavam a cidade (pólis).

todos os envolvidos estariam imbuídos dos mesmos sentimentos, teriam que dispor do mesmo *status* espiritual e moral. Com a decadência da antiga cultura grega, perderam-se, também, os significados originais da ginástica.

O sentido da ginástica, enfraquecido durante a Idade Média, recuperou suas forças no Renascimento, principalmente a partir dos tratados do Iluminismo, quando os filantropos passaram a defender a sua utilização como meio de formação integral do homem. Na Modernidade, especialmente no início do século XIX, sob o jugo do Positivismo e da ciência incipiente, surgiram os métodos ginásticos. Tendo como berço a Alemanha, a Suécia, a Inglaterra e a França, o movimento fortaleceu-se com os ditames higienistas, nacionalistas e eugênicos, marcando profundamente a sociedade europeia, cada vez mais urbana e industrial.

Influenciada pelos discursos médico e pedagógico, a ginástica moderna constituiu-se como prática corporal citadina. Desprovida do seu caráter religioso original, o termo passou a ser empregado para designar os novos exercícios físicos ensinados nas instituições educativas sob influência da ciência e da técnica. A ginástica materializava os ideais de tudo o que podia ser racionalizado e experimentado. Sob o jugo do método científico e da burguesia, que agiu para separar os exercícios praticados pelos militares daqueles destinados à população civil, a ginástica foi inserida em novos ambientes, incluindo a escola.

Seguindo as particularidades de cada localidade e precursor, as ginásticas francesa, sueca e alemã partilhavam finalidades semelhantes, como a pureza da raça (princípios eugênicos) e a promoção da saúde (princípios higienistas) em uma sociedade marcada por altas taxas de mortalidade e disseminação de doenças. Simultaneamente, pretendia o desenvolvimento de coragem, força, moral e energia para servir a pátria e labutar na indústria (princípios nacionalistas).

Na primeira metade do século XIX, o coronel espanhol Francisco Amoros y Odeano naturalizou-se francês. Colocando-se a serviço da corte do rei Luís Filipe de Orléans (1830-1848), procurou reproduzir em Paris o modelo bem-sucedido de instrução militar que havia implementado na sua nação de origem, com o apoio da monarquia. Inspirado nos ideais naturalistas de Pestalozzi, que preconizava o exercício físico como meio de educação estética e sensorial, Amoros sistematizou uma série de atividades corporais que ampliavam as exigências das tarefas cotidianas (saltar obstáculos, subir em cordas suspensas, atravessar riachos etc.), além de jogos e danças. Ao conjunto, denominou ginástica. Tendo como finalidade formar os contingentes populacionais que serviriam o Estado, as aulas públicas eram acompanhadas por uma plateia que aplaudia o desempenho dos praticantes.

Ainda na França, durante a segunda metade do século XIX, a ginástica transformou-se em objeto de interesse da comunidade científica, que se autoproclamava herdeira da cultura helênica. Recorrendo à anatomia, à fisiologia e à incipiente cinesiologia, Georges Demenÿ, Étienne-Jules Marey e Fernand Lagrange, estudiosos dos gestos do trabalho, conceberam a ginástica como meio de treinamento corporal, visando a harmonia e economia de energias. Sem destinar a menor atenção às condições degradantes de vida e trabalho da maioria da população, a ginástica revestiu-se da ciência e da técnica e passou a ser apresentada como oposição ao uso do corpo para o entretenimento, convertendo-se em uma forma sistematizada de educação corporal visando a melhoria da produtividade.

Na Inglaterra, o movimento ganhou ares próprios e se desenvolveu em um formato bastante específico: o esporte moderno[35]. Já, na Alemanha, o professor Guts Muths sistematizou a prática através das seguintes categorias: exercícios ginásticos verdadeiros (dança, natação, exercícios militares, comportamento em casos de perigo de incêndio, vigilância, leitura em voz alta e jejum) e trabalhos manuais. Embora reconhecesse o valor dos jogos, excluía-os dessa categoria porque não possuíam os mesmos valores pedagógicos que as demais ações relacionadas.

As preocupações educativas sofreram um grande impacto com a contribuição do professor de esgrima sueco Pehr Henrik Ling. Pouco a pouco, os trabalhos performáticos que caracterizavam a proposta de Guts Muths foram substituídos por exercícios formativos. Mediante uma execução bastante simplificada que tornou os aparelhos desnecessários, o objetivo modelador adquiriu importância em detrimento do viés performático e artístico, de tal maneira que, no norte europeu, estes passaram a ser perseguidos exclusivamente pelos esportes.

Os exercícios modeladores de Ling visavam, sobretudo, a compensação dos extenuantes trabalhos corporais exigidos pela indústria e a correção postural. A sistematização que propôs incluía exercícios para corrigir "deficiências" corporais. A obra *Primitive Gymnastics*, de Niels Bukh, propagava os benefícios da sua ginástica básica com exercícios geradores de flexibilidade, forma e destreza. A primeira deveria ser obtida para combater a rigidez muscular, a segunda substituiria a debilidade e a terceira corrigiria as incapacidades nervosas. A proposta distribuía-se em exercícios de coordenação e localizados para cada segmento corporal.

---

[35] O tema foi amplamente debatido no capítulo destinado ao esporte.

Atividades como a dança, o jogo, os exercícios militares e as chamadas atividades naturais (subir em árvores, escalar e correr) eram tomadas por ginástica em função do contexto e do objetivo: exercícios formativos, performáticos ou artísticos. Apesar dessa divisão, o enfoque expressivo dos gestos, característica principal da corrente alemã, não desapareceu. Basta lembrar o desenvolvimento dos saltos ornamentais e da patinação artística ainda no final do século XIX. De todo modo, a perda da sua hegemonia foi decisiva na diminuição das antigas influências espirituais.

A reconceitualização do termo ginástica em exercícios compensatórios e formativos contribuiu para a agregação de variados adjetivos: ginástica curativa, caseira, utilitária, básica, para atletas etc. Todas consistiam em variações da proposta sueca. Entretanto, uma outra mudança ainda viria a acontecer. A "ginástica de expressão", que mais tarde acabou se fundindo com a ginástica rítmica, passaria, já no início do século XX, a acompanhar a criação do suíço Émile Jacques-Dalcroze e do alemão Rudolf Bode. Representando um grupo preocupado com a formação corporal, desenvolveram um método que pretendia ampliar a flexibilidade e a mobilidade dos corpos das pessoas que se encontravam enrijecidos pela atitude passiva perante as exigências da vida cotidiana. O objetivo era torná-los úteis para a realização coreográfica. Para tanto, Dalcroze orientava a execução dos exercícios de forma compassada, ao som de uma música. Como os movimentos geométricos da ginástica alemã e sueca eram inadequados, construiu-se uma gestualidade solta e oscilante. Surgiu, então, outro tipo de atividade modeladora, sem qualquer preocupação com a eliminação de defeitos posturais; seu objetivo era a educação dos gestos da forma mais livre possível.

Os esforços realizados pela sociedade burguesa para o desenvolvimento da ginástica precisam ser compreendidos no cenário europeu do final do século XVII até princípios do século XX. As mudanças sociais e religiosas vividas desde o final da Idade Média criaram as condições para o estabelecimento da ciência moderna, do liberalismo e a consolidação dos Estados-nação. Esses fatores, acrescidos da industrialização, urbanização e burocratização das relações, tornaram necessário regular e controlar a população por meio de políticas específicas.

O espírito nacionalista, higienista e eugênico dos métodos ginásticos embebido nos valores morais desejados por uma determinada classe social atingiu o Brasil apenas um século mais tarde. Baseada no discurso modernizante, a intenção subliminar do patrocínio oficial à ginástica sempre foi disciplinar a população mediante a mudança de significados das práticas corporais. As ocupações de lazer e entretenimento com poucas regras e marcadas pela ludicidade foram revestidas de uma roupagem metódica e sistematizada. A infância e a juventude foram eleitas como público-alvo; afinal, estava em jogo a construção de um novo homem para um novo tempo.

A trajetória exposta acima é um dos caminhos possíveis para compreender não só a variedade de significados como também a quantidade de práticas corporais atualmente classificadas como ginásticas. É certo que uma parcela daquilo que anteriormente constituíram as formas gímnicas adquiriu um *status* independente. É o caso das danças, esportes de aventura, lutas e do próprio atletismo. Hoje, é possível dizer que, em comum, as ginásticas possuem uma grande plasticidade na sua execução, sendo possível agrupá-las segundo seus objetivos: ginástica formativa, competitiva e de demonstração.

A ginástica formativa estimula o desenvolvimento do potencial biológico voltado para reabilitação, saúde, prática de esportes, atividades profissionais, fisiculturismo etc., visando a melhora da estética corporal, eficiência mecânica e funcional do organismo. Divide-se em duas subcategorias: a ginástica construída e a ginástica natural.

A ginástica construída ou localizada toma como fundamentos as pesquisas na área da biomecânica. O corpo é visto como uma máquina tridimensional cujos eixos se situam nas articulações e os segmentos corporais fazem o papel de alavancas, cada qual com seu plano de movimentação em forma de pêndulo ou circundução.

Na ginástica construída, conforme o objetivo a ser alcançado, tem-se uma movimentação diferente. Movimentos amplos são utilizados para desenvolver a flexibilidade, repetitivos para a melhoria da resistência, rápidos para trabalhar a potência, entre outras possibilidades. Esses princípios podem ser identificados em todas as modalidades voltadas para o condicionamento físico (ginástica aeróbica, hidroginástica, musculação etc.).

A ginástica natural combina as habilidades motoras que viabilizam as ações dos seres humanos sobre o meio ambiente. Uma de suas funções é justamente ampliar as experiências infantis por meio das variações nas atividades do seu próprio repertório. Toda e qualquer situação que exija o andar, correr, saltar, agachar, levantar, escalar, escorregar, entre tantas outras possibilidades, poderá ser utilizada como forma ginástica natural. Parte-se do pressuposto de que a repetição desencadeará a melhoria do desempenho.

A ginástica competitiva agrupa diversas modalidades: artística, rítmica desportiva e, mais recentemente, aeróbica e acrobática além do trampolim acrobático. Todas surgiram como variações da ginástica construída, mas, com o passar do tempo, passaram a ser empregadas como um fim em si mesmas, visando a comparação de resultados mediante regulamentos específicos que permitem a atribuição de valores aos atributos técnicos e estéticos da execução.

A ginástica competitiva acompanha os desígnios da Federação Internacional de Ginástica (FIG), que regulamenta as formas de participação e define os calendários das competições. Em função da elegância e da beleza, essas modalidades eventualmente são apresentadas em festivais. Quando isso acontece, o aspecto competitivo que caracteriza o esporte dá lugar ao estético, principal marca da ginástica de demonstração.

A ginástica de demonstração agrupa todas as formas gímnicas, incluindo elementos das danças, atividades circenses e demais práticas corporais, sem finalidades formativas ou competitivas. Entre as suas características despontam o trabalho coletivo e o teor expressivo mediante a encenação coreográfica. A fim de identificar as práticas ginásticas não competitivas, a FIG empregou a expressão "ginástica geral", que recentemente foi substituída por "ginástica para todos" (GPT).

Em meados do século XX, a instituição passou a organizar periodicamente as Gymnaestradas. Trata-se do principal evento mundial para divulgação da ginástica geral e conta com a participação de delegações de todos os continentes, compostas por um público bastante diversificado e numeroso. Desde 1999, o evento reúne mais de 20 mil participantes. As apresentações são marcadas pela criatividade e liberdade de expressão, sem qualquer restrição ao uso de materiais ou aparelhos.

A ginástica geral, hoje GPT, tem por objetivos a melhoria das condições de saúde e condicionamento físico, além da integração social. Impulsionada pela sua característica agregadora, a modalidade pode ser entendida como uma mistura de várias formas gímnicas. No fundo, a ginástica para todos tem como objetivo principal o lazer, como decorrência da preocupação das entidades promotoras (clubes, associações, agremiações, instituições de ensino e demais coletivos) com a oferta de experiências estéticas aos participantes e observadores.

Composta de exercícios sistemáticos facilmente adaptáveis às características do praticante, maior contribuição da ciência e da pedagogia francesas, atualmente a ginástica é concebida como experiência educativa, expressiva, formativa, competitiva e de lazer. Em linhas gerais, sua pretensão é aperfeiçoar a relação entre o corpo, o movimento consciente e as demandas da sociedade. Não é à toa que os significados que atualmente são atribuídos à ginástica correspondem às exigências dos tempos neoliberais. Se, por um lado, algumas práticas gímnicas permanecem voltadas à correção postural, reabilitação, condicionamento físico e relaxamento, uma rápida pesquisa na internet encontrará a ginástica facial, laboral, cerebral, funcional, holística, historiada, íntima, isométrica, multifuncional, mental, para gestantes, terapêutica etc.

O que tudo isso quer dizer? Ora, para além da manutenção dos mesmos objetivos de controle da população através da fixação dos comportamentos desejáveis e eliminação dos indesejáveis, a novidade é a transformação das práticas corporais em mercadorias a serem comercializadas em nível global. Basta verificar que muitas das ginásticas mencionadas encontram-se "à venda" em sites, programas televisivos, academias, clubes, condomínios, ou seja, ao alcance das mãos de consumidores ávidos pelos benefícios prometidos, do rejuvenescimento à melhoria do desempenho sexual.

Nesse cenário, os significados atribuídos à ginástica relacionam-se principalmente à melhoria da qualidade de vida. Influenciados por essa representação, homens e mulheres, jovens e idosos, estão em busca de mais disposição, menos cansaço e melhor desempenho nas tarefas do cotidiano. Em outro momento foi o Estado que ditou as regras, agora é o mercado. Em meio ao turbilhão que alcança a todos indistintamente, alguns questionamentos começam a emergir. A principal denúncia recai sobre o aspecto individualizante de todo esse processo. Cada um passou a ser responsabilizado pela sua saúde e silhueta. Cabe-lhe adquirir ou conhecer os meios necessários para competir nos vários segmentos da sociedade. Um rosto bonito, um corpo magro e uma mente ágil, requisitos mínimos desejados podem ser conquistados com a ginástica A, B ou C, desde que o sujeito disponha de recursos para custeá-la. É, no fundo, mais uma estratégia de regulação que ganha força dentro da lógica do mercado.

As ginásticas na escola

A definição da ginástica como tema de estudo implica a sua consideração enquanto prática da cultura corporal, ou seja, como um texto passível de leitura e produção por parte das crianças. Qualquer proposta de transformação das aulas em espaço para melhoria das condições de saúde ou desempenho físico passa muito distante do que se verá a seguir.

Para um trabalho pedagógico envolvendo as ginásticas, convém analisar sua ocorrência social, os conhecimentos que a caracterizam e as representações postas em circulação. A multiplicidade de práticas corporais que se encaixam nesse tema exige um olhar mais detido sobre onde acontecem e os sentidos que lhes são atribuídos. Qualquer que seja a ginástica a ser estudada, há que se ter em conta que ela comunica ideias, princípios, valores e crenças de determinado grupo social. Torna-se, portanto, imprescindível compreender seu contexto de formação, a realidade na qual está inserida e o que permitiu ou dificultou seu surgimento e continuidade. Com isso, se possibilita à criança participar de um espaço pedagógico privilegiado de produção de cultura, onde os sentimentos, a criatividade, o lúdico e a corporeidade não fiquem do lado de fora. Ademais, proporcionam-se condições para a adoção de posturas críticas frente às práticas corporais e às infinitas relações sociais nelas refletidas.

Certamente, em muitas famílias há pessoas que praticam hidroginástica, musculação, ioga, ou que frequentam academias que disponibilizam outras atividades gímnicas. Também é razoável que grande parte das crianças da turma já tenha assistido a apresentações de ginástica artística ou rítmica pela televisão. Mediante esses contatos, mesmo que esporádicos, elas construíram suas próprias representações a respeito do tema.

O tratamento pedagógico de qualquer das modalidades ginásticas tem como função principal permitir que as crianças concebam-na enquanto patrimônio cultural materializado pela linguagem corporal de determinado grupo, a fim de que compreendam, reconheçam e respeitem esse repertório. Nessa perspectiva, num primeiro momento, cabe ao professor, mediante análise depurada, reconhecer os signos presentes na prática corporal objeto de estudo para que possa elaborar atividades que ajudem as crianças a identificá-los e analisá-los. Num segundo momento, é fundamental a organização de situações didáticas que posicionem os sujeitos da educação como produtores culturais, de maneira a reconstruírem na escola as formas ginásticas presentes na sociedade mais ampla.

A linguagem corporal é um dos aspectos da cultura. Para problematizar seus produtos é preciso ter claro que não basta eleger os saberes elaborados pelos diversos grupos sociais e transmiti-los às crianças. O desafio se apresenta na leitura crítica da própria prática e da realidade que a circunda, isto é, dos seus contextos ideológicos de produção, manutenção e transformação.

Ao travar contato com a prática corporal, o sujeito atribui-lhe significados. A pessoa que lê um produto cultural, seja ela criança ou adulto, dialoga com ele, com seu autor e com o contexto em que ambos estão referenciados. Relaciona-se com seus signos e elabora uma compreensão dos seus sentidos, procurando reconstruir e apreender sua totalidade. Nessa relação, atribui significados através da articulação entre a experiência nova provocada pelo que vê e ouve (de estranhamento, surpresa, assombro e inquietação) e a experiência pessoal acumulada pela interação com outros produtos culturais, representações e conhecimentos acessados nas práticas sociais vivenciadas nos espaços familiares, escolares, comunitários etc. A leitura é um ato de criação, é uma coautoria. Aquele que lê um texto cultural continua a produção do autor ao tomar para si o processo de reflexão e compreensão.

No contexto pedagógico, a leitura como ato de criação, e não como atitude passiva ou olhar conformado que apenas reproduz, é acompanhada de uma ressignificação, de uma apropriação. Na condição de leitoras, as crianças têm de ser incitadas a falar sobre, mover-se a partir de, construir e experimentar as práticas corporais, bem como acessar e analisar referências externas, narrativas, posicionamentos e artefatos culturais que divirjam do repertório inicial, mas que conduzam a uma certa intimidade com o diferente.

Intimidade que permite a apropriação de outras histórias, características, sentidos e produz o reconhecimento do prazer e do significado dessa relação. Intimidade que constrói o olhar que ultrapassa o cotidiano, colocando-o em outro plano, transgredindo-o, construindo múltiplos sentidos, leituras e formas de compreensão da vida. O olhar aguçado pela sensibilidade, pela emoção, pela afetividade, pela imaginação, pela reflexão, pela crítica. Olhar que indaga, rompe, quebra a linearidade, ousa, inverte a ordem, desafia a lógica, brinca, encontra incoerências e divergências, estranha, admira e se surpreende, para então estabelecer novas formas de ver o mundo.

Ao incluir atividades de leitura e produção cultural de variadas formas gímnicas, a escola favorece a construção de identidades democráticas por meio da troca entre crianças, professores e demais membros da comunidade, o que implica aceitação das diferenças e respeito ao outro.

Uma ação pedagógica assim conduzida possibilitará às crianças que as representações acessadas e os conhecimentos inicialmente disponíveis sejam revistos, ampliados e aprofundados. É o que contribui para a formação de sujeitos conhecedores de sua história, orgulhosos das próprias identidades culturais, conscientes da importância de dialogar com os diversos grupos que frequentam o mesmo ambiente e reconhecer aqueles que momentaneamente possam estar mais afastados.

Orientações didáticas

Visando coletar informações sobre as modalidades ginásticas acessadas pelas crianças a fim de decidir qual será tematizada na escola, o professor poderá realizar uma pesquisa de campo por meio da qual identifique os parques, praças, academias ou clubes que abrigam essas práticas corporais. Outra forma também utilizada para coletar informações é a conversa com a turma ou com membros da comunidade.

Com os dados coletados, a escolha da ginástica a ser estudada deverá levar em consideração o seu potencial para, mediante a tematização, discutir questões alinhadas às intenções explícitas no projeto pedagógico da escola.

É fundamental o contato do grupo com a ocorrência social da ginástica através da visita ao local da prática, contato com imagens em vídeo ou fotos, entre outras formas de aproximação. O incentivo à análise da prática corporal no seu *locus* cultural e a troca de impressões entre as crianças poderão ser alimentados pelo desafio para que demonstrem corporalmente a gestualidade observada.

Ao tematizar a ginástica artística, por exemplo, o professor pode partir de uma tarefa complexa, global e completa, em semelhança ao que acontece nas atividades autênticas da vida social. É primordial que as crianças partilhem o que sabem sobre a prática corporal e intercambiem opiniões com as colegas. Também é importante que experimentem situações didáticas de análise dos locais onde se pratica a modalidade, como é executada e quem são os praticantes.

Uma fase muito importante do trabalho é a organização de vivências gímnicas tomando como referência a prática social. Durante a experimentação provavelmente surgirão novos questionamentos e respostas. As crianças mobilizarão outros conhecimentos tanto na análise quanto na realização dos gestos que caracterizam a ginástica como objeto de estudo.

Sugere-se que as ações educativas focalizem alternadamente diferentes informações teóricas sobre a modalidade e sua relação com esferas sociais mais amplas, explorando, na medida do possível, os saberes das crianças e as reflexões sobre sua participação e envolvimento. Há que se considerar também as diversas formas de interação no grupo. Nem todas precisam fazer tudo ao mesmo tempo. Algumas podem realizar vivências enquanto outras fazem pesquisas, observações ou registros.

As atividades de leitura coletiva da ginástica adotada enquanto texto cultural produzido pela linguagem corporal permitirão a troca de significados entre as crianças, bem como a contextualização sócio-histórica. As crianças poderão ressignificar o que acessaram, tomando como base a própria experimentação nas condições disponíveis na escola. Perceberão que uma coisa é a execução de um rolamento ou uma parada de mãos por um ginasta no ambiente de treinamento ou competição e outra, bem diferente, é a sua realização durante as aulas. A comparação e o debate sobre as impressões das crianças proporcionarão um entendimento crítico e ampliado dos diferentes contextos de produção da gestualidade. O que se busca é ampliar a compreensão da relação entre a linguagem corporal, as demandas sociais e os sujeitos.

Um questionamento vindo de uma das crianças pode disparar uma cadeia de problematizações bastante frutífera. Como os posicionamentos que surgem têm como fundamento o patrimônio cultural, é importante o confronto com outras referências e análises que podem advir do professor, de outras pessoas da instituição ou de pesquisas individuais e coletivas. Isso enriquecerá o trabalho pedagógico.

Destaque-se que, diante da riqueza de possibilidades que as ações didáticas denotam, não há como estabelecer previamente a duração da tematização de uma modalidade ginástica em um bimestre, um trimestre etc. O tempo destinado depende dos encaminhamentos e discussões que se fizerem necessários para compreender os aspectos levantados durante as atividades de ensino.

Seguindo a mesma linha de raciocínio, as vivências corporais da modalidade também precisam ser problematizadas e reconstruídas. A cada ideia, uma experiência poderá ser posta em ação tomando como base a contribuição das próprias crianças.

No decorrer das atividades, quando couber, o professor deve instar o grupo a socializar seus pontos de vista sobre o assunto em pauta. Essa situação, difícil num primeiro momento, contribuirá para a adoção de uma postura crítica. Quando uma criança compartilha seu olhar sobre um aspecto da modalidade ginástica, ela não apenas o sujeita aos questionamentos das demais, mas também torna-se responsável por defender sua posição. A frequência com que esta situação se apresenta ao longo do trabalho facilita o ato pedagógico no decorrer das aulas. Quando a turma estiver acostumada a sentar-se para conversar sobre as vivências, sempre surgirão ideias para reformulação e reorganização da prática. Ao encontrar um ponto de equilíbrio, onde haja algum consenso sobre um assunto polêmico, avanços significativos serão alcançados na formação dos sujeitos para atuação na vida pública.

As decisões, descobertas, análises etc., poderão ser registradas em cadernos, cartazes, fotografias ou no quadro-negro, constituindo-se em importantes recursos para identificar as modificações nas representações das crianças sobre a ginástica. Se houver mais de uma proposta de encaminhamento, todas poderão ser experimentadas e discutidas numa ordem estabelecida após decisão coletiva. A posição final sobre o assunto, caso não agrade a alguém, poderá ser registrada com o formato que a criança julgue mais adequado, justificando-se perante o grupo porque não gostou do formato final que a prática adquiriu. Nesse sentido, criam-se condições para que as crianças exponham suas opiniões em contrário. Abre-se, assim, um espaço para o respeito à diversidade de ideias.

Claro está que para estudar qualquer modalidade ginástica será necessário obter maiores informações sobre ela. Para tanto, o professor poderá realizar pesquisas com o objetivo de reunir informações que lhe permitam orientar as investigações das crianças, apontando caminhos possíveis por meio das referências presentes em biblioteca, sala de leitura, revistas e sites especializados, programas televisivos etc. Obviamente, o grupo precisará construir antecipadamente um rol de questões e procedimentos que nortearão a pesquisa e o estudo.

Outras atividades devem ser realizadas de modo a possibilitar às crianças o acesso às histórias da modalidade ginástica, as transformações que experimentou, as razões das mudanças, o seu significado no contexto social de origem e as identidades sociais nela presentes. Trata-se de aprofundar os conhecimentos.

Além da consulta a variadas fontes, entrevistas e demais situações de busca de informação junto aos membros da comunidade são muito importantes devido ao seu potencial de valorização das vozes daqueles que coabitam o mesmo espaço social. A participação de outras pessoas na ação pedagógica confere às crianças uma nova visão de grupo, pois os saberes dos seus semelhantes foram incluídos no currículo com o mesmo grau de importância que os saberes escolares. Como se verifica, a prática pedagógica sugerida não exalta os saberes acadêmicos do professor. É justamente o oposto. A dinâmica implementada permite a ampliação dos conhecimentos das crianças e do professor.

Ademais, elas precisam saber que os conhecimentos disponíveis sobre o tema excedem em muito as experiências imediatas e diretas do bairro e da região, transcendem no tempo e podem ser acessados através de inúmeros veículos de informação e comunicação. A realização de atividades que se utilizem de outros recursos como televisão, livros, jornais e internet poderá entusiasmar as crianças pelas descobertas que o acesso a tais fontes proporciona.

O percurso acima descrito precisa ser permeado por vivências que estimulem a produção cultural das crianças. Nesse momento, elas precisam de espaço e tempo para, a partir do que viram e aprenderam, construírem suas próprias formas ginásticas.

Finalmente, recomenda-se a elaboração de um produto final no formato de apresentação para a comunidade ou para as demais turmas da escola, exposição, demonstração em pequenos grupos durante a aula, livro, texto ou vídeo. Além disso, convém manter um diário de campo atualizado ou um portfólio, onde constem fragmentos de conversas em sala, registros escritos das crianças e do professor, ações desenvolvidas etc. A análise desses documentos permitirá a identificação de insuficiências das atividades propostas e, sempre que necessário, a modificação no encaminhamento ou no próprio teor das situações didáticas.

Relato de experiência: saúde e lazer × competição na ginástica

Na Escola Municipal de Ensino Fundamental Tenente Alípio Andrada Serpa, escola situada na cidade de São Paulo, as aulas do 4º C abordaram a ginástica como tema de estudo. A professora Jacqueline Cristina Jesus Martins definiu essa prática corporal após as discussões que levaram os educadores e funcionários da instituição a elegerem como foco do Projeto Pedagógico da escola e do Projeto Especial de Ação a construção de valores para a convivência.

Vez por outra, algumas brigas entre as crianças se iniciavam com xingamentos relacionados ao corpo do colega: gordo, baixinho, magrelo etc. Tematizar uma prática corporal que evidenciasse as potencialidades de todos os corpos talvez pudesse ajudar a refletir sobre a questão. Ademais, isso também ajudaria na compreensão dos Jogos Olímpicos, tendo em vista a visibilidade que as modalidades ginásticas adquirem em eventos dessa natureza.

A professora Jacqueline elaborou os seguintes objetivos: conhecer o próprio corpo através da vivência das modalidades ginásticas; reconhecer as diferentes formas gímnicas veiculadas pelos meios de comunicação, identificando suas características; criar novas possibilidades de praticar as ginásticas; identificar as diferenças existentes entre as modalidades ginásticas, relacionando-as ao contexto e aos praticantes (crianças, mulheres, homens, idosos, parques, praças, competições etc.). Com base em informações coletadas junto às crianças e mediante seu convívio naquela comunidade, a docente elaborou duas categorias, conforme as práticas disponíveis e mencionadas: ginásticas voltadas para a saúde e o lazer, e ginásticas competitivas.

No início dos trabalhos, a quadra da escola estava em obras; por isso, as vivências deveriam ser pensadas para os outros espaços disponíveis: área verde, sala de aula, sala de leitura ou pátio. A primeira atividade de ensino proposta objetivou o reconhecimento das ginásticas. As crianças assistiram a uma apresentação com imagens de pessoas praticando diversas modalidades. Durante a exposição, conversaram sobre os nomes, as formas de execução, os objetivos, as características dos praticantes e os espaços onde aconteciam. Em alguns casos, a professora estimulou a turma a experimentar alguns gestos observados. Nem todas as crianças identificaram as modalidades apresentadas. Poucos reconheceram a ginástica laboral ou a acrobática, o que gerou explicações e trocas de opinião.

Na aula seguinte, foram relacionadas as técnicas que constituem as formas gímnicas que as crianças conheciam: polichinelo, flexão de braços, abdominal, estrela, espacate, movimentos de alongamento, corrida no lugar e técnicas de massagem. Após o registro no quadro-negro, todas realizaram o gesto proposto e discutiram a qual modalidade pertencia, se alguém a praticava ou já a havia praticado e se existia aquela prática no bairro. A atividade terminou com a elaboração de uma lista das modalidades ginásticas que poderiam ser realizadas na escola: alongamento, corrida, caminhada, ioga, musculação, aeróbica, hidroginástica, massagem e ginástica artística. Há que se fazer dois destaques: muito embora a escola não oferecesse condições para vivência da hidroginástica, a professora comprometeu-se a buscar um local para praticá-la e, apesar de a massagem não se constituir em uma forma gímnica, decidiu incluí-la graças à proximidade corporal entre as crianças que ela oportunizaria.

Durante as vivências, algumas falas como "Meu braço é pequeno, por isso não alcanço o pé"; "Meu osso é muito duro, por isso não consigo alongar direito"; "A Júlia é baixinha, por isso ela alcança os pés" evidenciaram a importância de realizar atividades que propiciassem o contato com conhecimentos da anatomia do corpo humano. Por esse motivo, foram propostas atividades de alongamento acompanhadas da identificação dos grupos musculares envolvidos. A professora convidou as crianças a apresentarem um exercício que alongasse uma determinada região do corpo. Em grupos, após discussão e experimentação, uma resposta era oferecida para análise da turma. Quando necessário, a docente fazia intervenções mencionando o nome do principal músculo que estavam alongando. Em alguns casos, as crianças empregavam termos populares como panturrilha, batata da perna etc.

Prosseguindo com o trabalho, foram propostas atividades que alteravam o estado basal. Correram, saltitaram e fizeram polichinelos com a intenção de provocar alterações corporais. Antes de iniciar, a temperatura corporal, os batimentos cardíacos, o cansaço e a sede foram observados. Após a realização da atividade, os mesmos indicadores foram retomados e os resultados registrados individualmente no caderno. Foi interessante perceber a curiosidade das crianças em relação às modificações constatadas. "Nossa, professora, por que ficamos vermelhos?"; "Quanto mais o meu coração bater, mais cansado eu vou ficar?"; "Por que dá uma dor aqui do lado quando eu corro?"

Convidadas a apresentar as próprias hipóteses sobre as questões, posicionamentos baseados no senso comum alternavam-se com respostas mais bem fundamentadas.

A discussão levou a professora Jacqueline a distribuir uma folha de papel sulfite e pedir que desenhassem o interior do corpo humano. Surgiram representações bastante curiosas. Algumas crianças imaginavam que a cavidade abdominal era preenchida por algo como tubulações e fios e que os membros eram inteiriços, sem articulações. Os desenhos permaneceram expostos por alguns dias no mural da escola, despertando um grande interesse em outras turmas.

Para aprofundar os conhecimentos sobre o assunto, foram realizadas algumas atividades com mapas do esqueleto humano e dos sistemas digestório, circulatório e respiratório; foram usados também modelos anatômicos disponíveis na escola. Começaram a aparecer piadas relacionando nomes de colegas ao esqueleto e à imagem da gordura. Pega de surpresa naquele momento e sem saber como lidar com a questão, a professora chamou a atenção da turma, afirmando que não gostaria que tais atitudes se repetissem. Usando os materiais, ajudou as crianças a identificarem os órgãos, explicou suas funções e dedicou uma atenção especial aos ossos, pois no início das vivências algumas crianças haviam dito que não alcançavam os pés devido ao tamanho. O grupo entendeu que a flexibilidade dependia da prática e não da dimensão dos ossos.

Segundo as crianças, muitas mães e avós fazem caminhadas e corridas com frequência para emagrecer. Aproveitando a situação, a professora Jacqueline explicou o processo de emagrecimento e como realizar essas atividades. Fez uma breve explanação sobre os batimentos cardíacos e, solicitando que um menino servisse de modelo, aferiu em repouso e durante a corrida. Em seguida, expandiu a experiência para toda a turma. No início tiveram muitas dificuldades para compreender que a pulsação seria tomada por 10 segundos e o resultado seria multiplicado por 6, a fim de obter os batimentos por minuto. Outra dificuldade estava relacionada à frequência cardíaca em repouso, que por ser mais baixa, era mais difícil de aferir.

A atividade foi realizada na área verde, um espaço arborizado com sombra e superfície irregular, semelhante às praças e parques onde, segundo as crianças, seus parentes costumavam se exercitar. O grupo correu sem parar durante 15 minutos. Para completar um tempo tão longo, teriam de encontrar o ritmo certo. Quem não conseguisse poderia alternar com períodos de caminhada. Apenas três crianças correram todo o tempo. Nas discussões após a atividade, a turma concluiu que a velocidade inicial contribuiu para o cansaço e a necessidade de caminhar. Na aula seguinte, a professora sugeriu a reorganização da proposta: um grupo apenas caminhou e outro correu. Conforme as falas dos participantes, cada um deve encontrar o nível de esforço que lhe é mais adequado; mencionaram também que a preferência pessoal deve ser levada em conta no momento do exercício.

Outra modalidade ginástica da relação elaborada coletivamente era a musculação. As vivências se basearam em exercícios de flexão de braço, abdominais, exercícios localizados de membros inferiores e exercícios com o *rubber band*[36] para os membros superiores. As crianças perceberam que a força é requisitada na prática da musculação. Isso ficou evidente no dia seguinte, quando comentaram sobre dores nas pernas e nos braços.

Lembrando as brincadeiras que haviam feito com as colegas nas aulas em que trabalharam com os mapas e modelos anatômicos, a professora Jacqueline apresentou imagens de praticantes de musculação, a fim de suscitar análises e discussões. Ao se deparar com fotos de homens e mulheres fisiculturistas, expressões de susto, medo e muitas vezes nojo surgiram no rosto das crianças. A situação desencadeou posicionamentos a respeito dos padrões de beleza impostos pela sociedade: Você acha este corpo bonito? Por que todo mundo quer ser magro? Por que outros corpos não são valorizados? Os corpos das modelos são bonitos?

Foi interessante notar quanto certa representação de saúde estava presente. Ao debater as diferenças corporais, algumas crianças alegaram que a obesidade faz mal à saúde, por isso era importante evitá-la. A docente até que tentou explicar que em outros momentos os corpos magros não eram tão exaltados, mas, após a aula, pensando sobre essa questão, percebeu que deveria ter apresentado imagens que apresentassem estéticas tidas como belas em épocas

---

[36] Faixas elásticas utilizadas para a prática da ginástica.

distintas. Ela tentava contribuir com as questões de convivência com base na desconstrução dos preconceitos sobre os corpos, mas ainda era pouco.

Passando à ginástica de alongamento e massagem, a professora Jacqueline percebeu que a necessidade de ajudar a colega na realização da atividade facilitava a abordagem do assunto. Para criar condições mais adequadas de realização das vivências, uma vez que as crianças não se sentiam à vontade no pátio por causa da circulação de pessoas, cada uma recebeu um colchonete e posicionou-se da forma mais confortável possível. Ao som de uma música instrumental, foram orientadas na execução de exercícios de respiração, movimentos que exploravam a amplitude das articulações e automassagem. Conheceram alguns dos termos técnicos empregados nas ginásticas como cócoras, afastar, estender e flexionar. A resposta foi surpreendente. Ao final da aula, as crianças afirmaram ter gostado e pediram para repetir a vivência.

Percebendo que se tratava de uma boa oportunidade para discutir as questões de convivência, na aula seguinte, em vez de automassagem, a professora propôs a realização da atividade em duplas e em grupos. Os comentários jocosos iniciais deram lugar à concentração, silêncio e envolvimento. Em alguns grupos meninos e meninas trabalharam juntos, respeitando-se mutuamente e tentando não machucar nem fazer cócegas. Como a ocasião era propícia para discutir a convivência, a situação gerou posicionamentos sobre outras formas de contato corporal (abraço e aperto de mão) que não fossem as brigas.

Retomando a lista de práticas executáveis na escola, após conversar com as crianças cujos familiares frequentavam sessões de hidroginástica e obter informações sobre os locais disponíveis na comunidade, a professora Jacqueline obteve autorização da equipe gestora da escola para fazer contato com o

Centro de Educação Unificado (CEU) Uirapuru. Explicou os objetivos do trabalho e perguntou sobre a possibilidade de utilizarem a piscina para a prática. A solicitação foi aceita, o que deixou a docente feliz e ao mesmo tempo preocupada, tendo em vista a responsabilidade de desenvolver com a turma inteira uma atividade aquática.

Na data prevista, antes da saída da escola, foram retomados os objetivos daquela modalidade ginástica e quem a pratica. As crianças conheceram alguns gestos e ouviram recomendações sobre como zelar pela segurança quando estivessem dentro da piscina. Todas estavam ansiosas. Durante o trajeto, algumas relataram que nunca haviam entrado em uma piscina. Ao mesmo tempo em que a ocasião enchia a professora de alegria, a preocupação aumentava. O dia estava ensolarado, a piscina pronta, os salva-vidas avisados e as crianças bem orientadas. Após mudarem de roupa, a professora pediu que se aproximassem da borda da piscina. Ao ouvirem "podem entrar", muitos sorrisos misturaram-se às lágrimas. Felicidade e medo, mas nada que uma conversa e um auxílio da colega não resolvessem. Muitas crianças foram solidárias com as amigas que estavam receosas: deram as mãos, andaram juntas pela piscina e incentivaram-nas.

Após conhecerem a piscina, já estava tudo pronto para a vivência: aparelho de som, espaguetes[37] e até um microfone, tal como acontece com as turmas regulares de hidroginástica do CEU. A professora orientou o alongamento inicial, exercícios aeróbicos de saltitar com movimentos de braços, correr no lugar e saltar coordenando pernas e braços. Com o auxílio dos espaguetes, demonstrou exercícios de empurrar, puxar, abaixar e levantar o material para o trabalho

---

[37] Material para flutuação na água, muito utilizado na natação e na hidroginástica.

de força dos membros superiores. Passados 40 minutos, praticamente o tempo de duração de uma sessão de hidroginástica, já com as crianças queixando-se do cansaço, a atividade foi finalizada, para que elas pudessem brincar até o final do horário combinado. "Professora, foi o melhor dia da minha vida!"; "Ainda bem que a senhora me trouxe aqui, eu nunca tinha ido em uma piscina; eu adorei!" As falas evidenciam quanto a perseverança da professora para conseguir garantir a experiência valeu a pena.

No dia seguinte conversaram sobre a vivência: "Professora, eu dormi o resto da tarde de tão cansada que fiquei"; "Eu percebi que o meu coração batia bem forte"; "Professora, eu também percebi que aconteceu no nosso corpo a mesma coisa que acontece quando corremos aqui na aula, mas o bom de fazer na piscina é que não ficamos com calor e não suamos"; "Eu fiquei todo dolorido!" A professora aproveitou o ensejo para explicar que os efeitos da ginástica dentro e fora da água são semelhantes.

A ginástica aeróbica foi a próxima modalidade tematizada. Após uma conversa com as crianças sobre a variedade que conheciam, a professora decidiu-se pelo estudo do *step*[38]. Pesquisou vídeos no YouTube que explicavam alguns passos básicos e a montagem de coreografias. Após assistência ao material selecionado, como a escola não dispunha de *steps*, os bambolês foram utilizados como alternativa, tornando possível a construção da coreografia.

A partir da vivência, a turma discutiu as possibilidades da prática em outros locais. Além das academias do bairro, uma criança disse que a avó participava de um grupo que fazia ginástica gratuitamente na Liga das Senhoras Católicas, localizada no bairro, enquanto outra recordou que o CEU Uirapuru tam-

---

[38] Material semelhante a um degrau para a realização de atividades aeróbicas.

bém oferecia essa atividade. Os relatos permitiram uma reflexão sobre os praticantes e seus objetivos. As crianças já conseguiam perceber que as modalidades estudadas até então eram praticadas por lazer e em busca de melhores condições de saúde.

A última modalidade pertencente a essa categoria e que havia sido elencada pelas crianças durante o mapeamento era a ioga. A professora Jacqueline iniciou o trabalho com uma informação importante. Embora não haja consenso na classificação dessa prática corporal como ginástica, sua presença nas academias do bairro e a busca dos praticantes por motivos de saúde justificavam a tematização naquele momento.

A primeira atividade de ensino consistiu na assistência a um vídeo com imagens da prática em diversos lugares. As crianças observaram os gestos, o vestuário, as músicas e as características dos locais. Um dos vídeos apresentava exercícios de respiração; outro, uma prática com posturas complexas; e outro apresentava uma prática com posturas mais fáceis. Enquanto assistiam, as crianças expressavam suas impressões. "É muito difícil"; "Precisa ter concentração"; "Precisa ter alongamento e força"; "Nós vamos ter que fazer esses movimentos aí? Igual a eles?"

Para subsidiar as vivências, além do material audiovisual, a professora Jacqueline providenciou cópias impressas contendo posturas da ioga para cada criança. À medida que experimentavam os gestos, identificavam também os nomes.

Nas aulas seguintes, ainda com o auxílio das imagens, as crianças foram orientadas a elaborar uma sequência de movimentos em grupo tal como haviam visto no vídeo. Algumas apresentações foram interessantíssimas; os grupos criaram novas posturas e atribuíram-lhes um nome. Devido à insistência, houve quem conseguisse realizar algumas daquelas posturas que inicialmente pareciam muito difíceis. Também discutiram sobre as principais características dessa prática corporal. Flexibilidade, força e equilíbrio foram citados como fundamentais na ioga.

As análises das crianças sobre a ioga inspiraram a professora na realização da mesma atividade com as demais modalidades estudadas. Além de discutir sobre o que haviam estudado, a professora instou as crianças a emitirem opiniões por escrito a respeito das aulas, com relação ao tratamento das colegas, aos gostos pessoais e às possibilidades de realizar as práticas juntas. O avanço nas questões da convivência foi visível em várias respostas. Coincidindo com as impressões da docente, muitas crianças registraram a interação com colegas que até então pouco se relacionavam. Também foram valorizadas as atividades que as posicionaram como autoras das práticas corporais.

Como um dos objetivos do trabalho era comparar as possibilidades das ginásticas de competição com as ginásticas para saúde e lazer, teve início o estudo de uma modalidade competitiva: a ginástica artística (GA). Um dos motivos da escolha foi a presença dessa prática nos Jogos Olímpicos que aconteceriam em agosto daquele ano.

Inicialmente foi apresentado um vídeo com imagens das provas de ginástica artística. Muitas crianças reconheceram e nomearam alguns gestos observados. Durante a análise do material, identificaram o funcionamento da competição (individual e em grupo), a apresentação de sequências de movimentos e as diferenças entre as provas masculinas e femininas. Também surgiram comentários a respeito dos corpos dos atletas, mediante a provocação da professora: Quem acha os corpos dos ginastas bonitos? Em geral, meninas e meninos consideraram os corpos dos homens bonitos e os das mulheres feios. "Elas são muito fortes!"; "Elas não têm peito!".

Nas aulas seguintes as crianças vivenciaram as técnicas que haviam identificado no vídeo, além daquelas que as colegas demonstravam: rolamento para a frente e para trás, estrela, rodante, espacate, ponte, vela, Y, parada de mãos, parada de cabeça e salto mortal para a frente e para trás. Durante as vivências, discussões a respeito do que leva uma pessoa a participar dessa modalidade estiveram presentes. As crianças diziam que é a vontade de vencer e de ganhar medalhas que faz com que as pessoas procurem essas práticas. Sobre os corpos dos atletas, algumas crianças observaram que eles devem realizar algumas daquelas ginásticas estudadas no início do trabalho, como alongamento e musculação. Questões de outra esfera também foram discutidas: "Um atleta da ginástica que vai para as Olimpíadas trabalha ou só treina?"; "Para ser um vencedor tem que ter muita persistência"; "Para vencer é preciso muita dedicação e esforço"; "Um atleta tem que treinar muito". Quando indagadas sobre a origem dessas ideias, responderam que há programas televisivos que apresentam histórias de atletas.

Para ampliar os conhecimentos das crianças, a professora apresentou-lhes uma imagem com as posturas básicas da modalidade: posição estendida, carpada, grupada, selada e afastada, elementos de ligação entre os movimentos como o meio giro e o giro completo, bem como elementos de dança, obrigatórios na apresentação do solo feminino. Agregadas aos saberes que já possuíam, essas informações possibilitaram a composição de pequenas coreografias individuais. Infelizmente, por problemas técnicos, não houve condições de realizar as práticas com música. Em uma discussão a respeito dessa regra, alguns meninos se posicionaram contra, exigindo a utilização do aparelho de som, enquanto outros consideravam que a música teria mais relação com as práticas femininas e que as apresentações masculinas ficariam melhores sem música. Ao final da atividade, aproveitando uma questão que uma criança havia feito na aula anterior sobre a vida dos atletas, a professora leu o texto "As piruetas de Jade"[39], o que permitiu ao grupo conhecer um pouco mais sobre a rotina da atleta.

A carência de recursos materiais permitiu que apenas um aparelho de GA fosse estudado: o solo. Outro aspecto abordado foi o funcionamento da competição, incluindo o tempo de duração da apresentação, o espaço onde pode ser realizada, elementos obrigatórios, cumprimento da série dentro da música (na prova feminina), nota de partida e nota de execução, perda de pontos etc. Diversas dinâmicas foram criadas para o estudo das séries do solo. Essa possibilidade de variações ajudou a posicionar as crianças como produtoras da prática estudada, fator anteriormente identificado como ponto positivo nas aulas.

Para finalizar o trabalho, foi organizada uma apresentação das séries elaboradas pelas crianças para as demais turmas do 4º ano. Adotou-se o formato das competições oficiais após a análise e o registro de todas as etapas que caracterizam um evento desse tipo. As crianças que quiseram participar entregaram a sua série por escrito para a professora e procuraram cumpri-la no tempo determinado.

Avaliando o percurso, a professora considerou que as crianças passaram a identificar as diferentes possibilidades da realização das práticas ginásticas e compreenderam as diferenças existentes entre elas. Após o fim do trabalho, durante a realização dos Jogos Olímpicos, as falas surpreenderam. Algumas crianças faziam perguntas sobre a ginástica artística: "Professora por que nas Olimpíadas eles não fazem a vela?"; "Professora, eu estava assistindo à ginástica

---

[39] Matéria publicada em 17/11/2007 no suplemento *Estadinho* do jornal *O Estado de S. Paulo*.

artística e não consegui entender os nomes dos movimentos que a moça da televisão explicou. É diferente do que você ensinou".

A tematização das ginásticas de saúde, lazer e competição contribuiu para a melhoria do convívio entre as crianças, o que não quer dizer que os problemas tenham sido resolvidos, pois a convivência entre as pessoas extrapola o limite das aulas. A impressão positiva atribuída aos momentos de discussão pode ter ajudado a desconstruir alguns preconceitos em relação ao corpo das colegas. A oportunidade de realizar a vivência na piscina e o posicionamento das crianças como produtoras de cultura também precisam ser exaltados. Finalmente, o estabelecimento de uma relação mais próxima entre as práticas corporais existentes na comunidade e nas mídias e aquilo que foi estudado na escola ampliou a capacidade de leitura e significação do patrimônio cultural corporal disponível.

Com a mão na massa

Identificar e demonstrar as modalidades ginásticas pertencentes à cultura patrimonial

Pergunte às crianças se algum familiar pratica ginástica; em caso positivo, qual a modalidade? Registre em local visível todas as práticas citadas. Em pequenos grupos, oriente a demonstração de uma modalidade ginástica de livre escolha.

Reconstruir as modalidades ginásticas

Estimule as crianças a analisar a apresentação dos colegas e, coletivamente, oferecer sugestões para melhoria do desempenho. Recomende ao grupo executante que incorpore, se possível, as sugestões das colegas.

Promover situações de análise e estudo das atividades ginásticas

Questione a turma acerca dos objetivos, do funcionamento e dos procedimentos técnicos adotados nas ginásticas apresentadas. Garanta um espaço para exposição das informações que possuem. Oriente a construção de uma entrevista com os familiares acerca dessas questões e combine uma data para apresentação dos resultados.

Elaborar práticas ginásticas

Organize junto com o grupo uma visita pedagógica a uma academia, praça, parque ou clube da região para investigar a ocorrência social da ginástica. Também é possível realizar a atividade através de vídeos disponíveis na internet ou programas televisivos que transmitem "aulas" de ginástica. Elabore coletivamente questões que permitam acessar informações sobre essa prática corporal. Por exemplo: Qual o nome técnico dessa ginástica? Onde acontece? Quem participa? Como ocorre? Quais são seus objetivos? O que é necessário para participar? Como a atividade é organizada? Quem a conduz? Quais são as etapas? Oriente as crianças a registrarem as informações coletadas. Retornando à escola, solicite a demonstração da modalidade investigada, acompanhada das explicações. Para avaliar o processo, analise o que foi produzido e confronte com as posições iniciais das crianças.

Referências bibliográficas

Capítulo 1: O ensino das práticas corporais na escola

HALL, Stuart. A centralidade da cultura: notas sobre as revoluções de nosso tempo. *Educação e Realidade*, Porto Alegre, v. 22, n. 2, jul./dez. 1997.

_____. *Da diáspora*: identidade e mediações culturais. Belo Horizonte: UFMG; Brasília: Representação da Unesco no Brasil, 2003.

LAZZAROTTI FILHO, A. et al. O termo práticas corporais na literatura científica brasileira e sua repercussão no campo da educação física. *Movimento*, Porto Alegre, v. 16, n. 1, jan./mar. 2010.

NEIRA, Marcos Garcia. *Ensino da educação física*. São Paulo: Cengage Learning, 2010.

_____. *A reflexão e a prática do ensino* – educação física. São Paulo: Blucher, 2011.

NEIRA, Marcos Garcia; PÉREZ GALLARDO, Jorge Sérgio. Conhecimentos da cultura corporal de crianças não escolarizadas: a investigação como fundamento para o currículo. *Motriz*, Rio Claro, v. 12., n. 1, 2006.

SOARES, Carmen Lúcia. Práticas corporais: invenção de pedagogias? In: SILVA, Ana Márcia; DAMIANI, Iara Regina. *Práticas corporais*: gênese de um movimento investigativo em educação física. Florianópolis: Nauemblu Ciência e Arte, 2005.

WOODWARD, Katryn. Identidade e diferença: uma introdução teórica e conceitual. In: SILVA, T. T. (org.). *Identidade e diferença*: a perspectiva dos estudos culturais. Petrópolis: Vozes, 2000.

Capítulo 2: Brincadeiras

BROUGÈRE, Gilles. *Brinquedo e cultura*. São Paulo: Cortez, 2004.

CAILLOIS, Roger. *Os jogos e os homens*: a máscara e a vertigem. Lisboa: Cotovia, 1990.

CARVALHO, Ana M. A.; MAGALHÃES, Celina M. C.; PONTES, Fernando A. R.; BICHARA, Ilka D. (orgs.). *Brincadeira e cultura*: viajando pelo Brasil que brinca. São Paulo: Casa do Psicólogo, v. I, 2003.

_____. *Brincadeira e cultura*: viajando pelo Brasil que brinca. São Paulo: Casa do Psicólogo, v. II, 2003.

HUIZINGA, Johan. *Homo ludens*: o jogo como elemento da cultura. São Paulo: Perspectiva, 1980.

KISHIMOTO, Tizuko Morchida. *Jogo, brinquedo, brincadeira e a educação*. São Paulo: Cortez, 1997.

NEIRA, Marcos Garcia; NUNES, Mário Luiz Ferrari. *Pedagogia da cultura corporal*: crítica e alternativas. São Paulo: Phorte, 2008.

NEIRA, Marcos Garcia, PÉREZ GALLARDO; Jorge Sérgio. Conhecimentos da cultura corporal de crianças não escolarizadas: a investigação como fundamento para o currículo. *Motriz*, Rio Claro, v. 12, n. 1, 2006.

Sugestões para o trabalho com as brincadeiras
Livros

BELINKY, Tatiana. *Ser criança*. São Paulo: Companhia das Letrinhas, 2013.

BELLINGHAUSEN, Ingrid Biesemeyer. *As brincadeiras do mundinho*. São Paulo: DCL, 2011.

BRITO, Teca Alencar de. *De roda em roda*: brincando e cantando o Brasil. São Paulo: Peirópolis, 2013.

CARPANEDA, Isabella; Bragança, Angiolina. *Quer brincar de pique-esconde?* São Paulo: FTD, 2006.

HERRERO, Marina; FERNANDES, Ulysses; FRANCO NETO, João Veridiano. *Jogos e brincadeiras do povo kalapalo*. São Paulo: Sesc, 2006.

LEITÃO, Mércia Maria; DUARTE, Neide. *Folclorices de brincar*. São Paulo: Editora do Brasil, 2010.

MARQUES, Francisco. *Muitos dedos*: enredos. Um rio de palavras deságua num mar de brinquedos. São Paulo: Peirópolis, 2005.

_____. *Muitas coisas, poucas palavras*. A oficina do professor Comênio e a arte de ensinar e aprender. São Paulo: Peirópolis, 2009.

MEIRELLES, Renata. *Giramundo e outros brinquedos e brincadeiras dos meninos do Brasil*. São Paulo: Terceiro Nome, 2008.

RICE, Chris e Melanie. As *crianças na história*: modos de vida em diferentes épocas e lugares. São Paulo: Ática, 1998.

SANTOS, Sandra. *Brincando e ouvindo histórias*. São Paulo: Terceira Margem, 2009.

SILBERG, Jackie. *Brincadeiras para crianças de 1 a 3 anos*. Cascais: Pergaminho, 2000.

_____. *Jogos para jogar com crianças de 2 anos*. Lisboa: Educação Replicação, 2000.

Sites

www.jogos.antigos.nom.br/apres.asp. Acesso em: 21 jul. 2014.

www.labrimp.fe.usp.br. Acesso em: 21 jul. 2014.

www.mapadobrincar.com.br. Acesso em: 21 jul. 2014.

www.nepsid.com.br. Acesso em: 21 jul. 2014.

http://tvescola.mec.gov.br. Acesso em: 21 jul. 2014.

Filmes

A DISTRAÇÃO DE IVAN. Direção de Fernanda Teixeira e Yves Moura. Brasil: 2009.

AS COISAS QUE MORAM NAS COISAS. Bel Bechara e Sandro Serpa. Brasil: 2006.

MENINO MALUQUINHO – o filme. Direção de Helvécio Ratton. Brasil: 1994.

PRĨARA JÕ: depois do ovo, a guerra. Komoi Panará. Brasil: 2008.

Capítulo 3: Danças

ABRAÃO, Elisa; FIAMONCINI, Luciana; KRISCHKE, Ana Alonzo; SARAIVA, Maria do Carmo. Imagens e percepção da dança: da estética formal à expressão estética. In: SILVA, Ana Márcia; DAMIANI, Iara Regina. *Práticas corporais*: construindo outros saberes em educação física. Florianópolis: Nauemblu Ciência e Arte, 2006.

ANDRADE, Beatriz Campos. *A dança contemporânea no tempo*. Disponível em: www.gpef.fe.usp.br/teses/agenda_2011_01.pdf. Acesso: 12 jun. 2014.

EHRENBERG, Mônica Caldas; FERNANDES, Rita de Cassia; BRATIFISCHE, Sandra Aparecida (orgs.). *Dança e educação física*: diálogos possíveis. Jundiaí: Fontoura, 2014.

NEIRA, Marcos Garcia. O ensino da educação física na Educação Básica: o currículo na perspectiva cultural. In: MOREIRA, Evando Carlos (org.). *Educação física escolar*: desafios e propostas I. Jundiaí: Fontoura, 2009.

SBORQUIA, Silvia Pavesi; NEIRA, Marcos Garcia. As danças folclóricas e populares no currículo de educação física: possibilidades e desafios. *Motrivivência*, Florianópolis, ano X, n. 31, p. 79-98, dez. 2008.

SBORQUIA, Silvia Pavesi; PÉREZ GALLARDO, Jorge Sergio. *A dança no contexto da educação física*. Ijuí: Editora Unijuí, 2006.

SIQUEIRA, Denise da Costa O. *Corpo, comunicação e cultura*: a dança contemporânea em cena. Campinas: Autores Associados, 2006.

Sugestões para o trabalho com as danças

Livros

BOGÉA, Inês. *O livro da dança*. São Paulo: Companhia das Letrinhas, 2002.

_____. *Outros contos do balé*. São Paulo: Cosac Naify, 2012.

BOUIN, Anne. *Mini Larousse da dança*. São Paulo: Larousse do Brasil, 2008.

CHILD, Lauren. *O livro de danças de Lola*. São Paulo: Ática, 2011.

ESSINGER, Silvio. *Batidão*: uma história do funk. Rio de Janeiro: Record, 2005.

FERRÈZ. Palavrarmas. In: CAMPELLO, Carmute (org.). *Tenso equilíbrio na dança da sociedade*. São Paulo: Sesc, 2005.

PAVLOVA, Anna. *Como me tornei uma bailarina*. São Paulo: Cosac Naify, 2001.

SANTOS, José; COLUCCI, Maristela. *Os meninos da congada*. São Paulo: Peirópolis, 2012.

SOMBRA, Fábio. *Maracatu*: a festa em cordel. Rio de Janeiro: Escrita Fina, 2011.

Sites

http://tvescola.mec.gov.br. Acesso em: 21 jul. 2014.

www.conexaodanca.art.br. Acesso em: 21 jul. 2014.

www.escolabolshoi.com.br. Acesso em: 21 jul. 2014.

www.festivaldedanca.com.br. Acesso em: 21 jul. 2014.

www.grupocorpo.com.br. Acesso em: 21 jul. 2014.

www.stagium.com.br/home_port.cfm. Acesso em: 21 jul. 2014.

Filmes

BILLY ELLIOT. Direção de Stephen Daldry. Reino Unido: 2000.

CISNE NEGRO. Direção de Darren Aronofsky. EUA: 2010.

HONEY: no ritmo dos seus sonhos. Direção de Bille Woodruff. EUA: 2003.

NO BALANÇO DO AMOR. Direção de Thomaz Carter. EUA: 2001.

NO BALANÇO DO AMOR 2. Direção de Thomaz Carter. EUA: 2006.

PINA. Direção de Wim Wenders. Alemanha: 2011.

SOB A LUZ DA FAMA. Direção de Nicholas Hytner. EUA: 2000.

TUDO O QUE A LOLA QUISER. Direção de Nabil Ayouch. EUA: 2007.

VEM DANÇAR. Direção de Baz Luhrmann. Austrália: 1992.

VEM DANÇAR. Direção de Liz Friedlander. EUA: 2006.

Capítulo 4: Lutas

ALMEIDA, José Júlio Gavião. Ensino das lutas: dos princípios condicionais aos grupos situacionais. *Movimento*, Porto Alegre, v. 16, n. 2, p. 207-227, abr./jun. 2010.

AVELAR, Bruno; FIGUEIREDO, Abel. La iniciación a los deportes de combate: interpretación de la estrutura del fenómeno lúdico luctatorio. *Revista de Artes Marciales Asiáticas*, León, v. 4, n. 3, 2009.

BRUHNS, Heloisa Turini. Sobre a capoeira. In: *Futebol, carnaval e capoeira*: entre as gingas do povo brasileiro. Campinas: Papirus, 2000.

GOMES, Mariana Simões Pimentel; MORATO, Marcio Pereira; DUARTE, Edison; REID, Howard; CROUCHER, Michael. *O caminho do guerreiro*: o paradoxo das artes marciais. São Paulo: Cultrix, 2003.

GONÇALVES, Arisson Vinicius Ladgraf; SILVA, Méri Rosane Santos. *Artes marciais e lutas*: uma análise da produção de saberes no campo discursivo da educação física brasileira. *Revista Brasileira de Ciências do Esporte*, Florianópolis, v. 35, n. 3, p. 657-671, jul./set. 2013.

LANÇANOVA, Jader Emilio da Silveira. *Lutas na educação física escolar*: alternativas pedagógicas. http://lutasescolar.vilabol.uol.com.br/index.html. Acesso em: 29 maio 2014.

NEIRA, Marcos Garcia. Utopia provisória: o currículo multicultural crítico da educação física. In: *Ensino de educação física*. São Paulo: Cengage Learning, 2010.

Sugestões para o trabalho com as lutas

Livros

ALMEIDA, Rodrigo de; CYPRIANO, André; PIMENTA, Leticia. *Capoeira*. São Paulo: Book Mix, 2009.

ROSA, Sonia. *Capoeira*. São Paulo: Pallas, 2004.

SOARES, Carlos Eugênio Libâneo. *A capoeira escrava*. Campinas: Unicamp, 2004.

Sites

http://tvescola.mec.gov.br. Acesso em: 21 jul. 2014.

www.educacaofisica.seed.pr.gov.br/modules/conteudo/conteudo.php?conteudo=177. Acesso em: 21 jul. 2014.

www.museuafrobrasil.com.br. Acesso em: 21 jul. 2014.

www.tatame.com.br. Acesso em: 21 jul. 2014.

Filmes

ALI. Direção de Michael Mann. EUA: 2001.

AS TARTARUGAS NINJA. Direção de Jonathan Liebesman. EUA: 2014.

JUMP IN! Direção de Paul Hoen. EUA: 2007.

KARATÊ KID. Direção de Harald Zwart. EUA-China: 2010.

KUNG FU PANDA. Direção de John Stevenson e Mark Osborne. EUA: 2008.

MATRIX. Direção de Lana Wachowski e Andy Wachowski. EUA: 1999.

MENINA DE OURO. Direção de Clint Eastwood. EUA: 2004.

O MESTRE DAS ARMAS. Direção de Ronny You. China/Hong Kong/EUA: 2006.

O TIGRE E O DRAGÃO. Direção de Ang Lee. Malásia/Cingapura: 2000.

O ÚLTIMO SAMURAI. Direção de Edward Swick. Japão: 2003.

PASTINHA: uma vida pela capoeira. Direção de Antônio Carlos Muricy. Brasil: 1999.

ROCKY, O LUTADOR. Direção de John G. Avildsen. EUA: 1976.

Capítulo 5: Esportes

BOURDIEU, Pierre. Como é possível ser esportivo? In: *Questões de sociologia*. Rio de Janeiro: Marco Zero, 1980.

BRACHT, Valter. *Sociologia crítica do esporte*: uma introdução. Ijuí: Editora Unijuí, 2003.

BROHM, J. M. *Sociología política del deporte*. México: Fondo de Cultura Económica, 1992.

DAMATTA, Roberto. Esporte na sociedade: um ensaio sobre o futebol brasileiro. In: *Universo do futebol*. Rio de Janeiro: Pinakotek, 1982.

ELIAS, Norbert. *O processo civilizador*. Rio de Janeiro: Zahar, 1990.

ELIAS, Norbert e DUNNING, Eric. *Deporte y ocio en el proceso de la civilización*. México: Fondo de Cultura Económica, 1992.

GEBARA, Ademir. História do esporte: novas abordagens. In: PRONI, Marcelo; LUCENA, Ricardo. (orgs.). *Esporte*: história e sociedade. Campinas: Autores Associados, 2002.

NEIRA, Marcos Garcia. O lugar do esporte no currículo cultural da educação física. In: ANTUNES, Alfredo César; LEVANDOSKI, Gustavo; FREITAS JÚNIOR, Miguel Archanjo. *Educação física, esporte e qualidade de vida*. Curitiba: CRV, 2013.

VELÁSQUEZ BUENDÍA, Roberto. El deporte moderno. Consideraciones acerca de su génesis y de la evolución de su significado y funciones sociales. Lecturas: Educación Física y Deportes. Buenos Aires, ano 7, n. 36, maio 2001.

ZALUAR, Alba. O esporte na educação e na política pública. *Educação & Sociedade*, Campinas, n. 38, 1991.

Sugestões para o trabalho com os esportes

Livros

ABREU, Fernanda. *Meu pequeno vascaíno*. Caxias do Sul: Belas-Letras, 2011.

ABREU, Luís. *Futebol:* de pai pra filha. São Paulo: Ática, 2010.

BRENMAN, Illan. *Clara e a Olimpíada de 2016*. São Paulo: Brinque-Book na Mochila, 2013.

FRANCO JUNIOR, Hilário. *A dança dos deuses*: futebol, sociedade, cultura. São Paulo: Companhia das Letras, 2007.

HANKEY, Tim. *Futebol*. São Paulo: Girassol, 2009.

PATRIAL, Vinicius. *SK8*: Manual do pequeno skatista cidadão. São Paulo: Companhia das Letrinhas, 2013.

PEDROSO, Orlando (org.). *Dez na área, um na banheira e ninguém no gol*. São Paulo: Via Lettera, 2002.

PRIORE, Mary Del; MELO, Victor Andrade de (orgs.). *História do esporte no Brasil*. São Paulo: Unesp, 2009.

RUBIO, Katia. *Esporte, educação e valores olímpicos*. São Paulo: Casa do Psicólogo, 2009.

Sites

http://historiadoesporte.wordpress.com. Acesso em: 21 jul. 2014.

http://movimientodefutbolcallejero.org. Acesso em: 21 jul. 2014.

http://observatoriodoesporte.org.br. Acesso em: 21 jul. 2014

http://observatorio.esportes.mg.gov.br. Acesso em: 21 jul. 2014.

http://tvescola.mec.gov.br. Acesso em: 21 jul. 2014.

www.museudofutebol.org.br. Acesso em: 21 jul. 2014.

www.usp.br/ludens. Acesso em: 21 jul. 2014.

Filmes

ATL: o som do gueto. Direção de Chris Robinson. EUA: 2006.

BOLEIROS: era uma vez o futebol... Direção de Ugo Giorgetti. Brasil: 1998.

CARRUAGENS DE FOGO. Direção de Hugh Hudson. Inglaterra: 1981.

COACH CARTER: treino para a vida. Direção de Thomas Carter. EUA: 2005.

FERAS DO SKATE. Direção de Steve Pasvolsky. Austrália: 2005.

INVICTUS. Direção de Clint Eastwood. EUA: 2009.

LANCES INOCENTES. Direção de Steven Zaillian. EUA: 1993.

O PREÇO DA PERFEIÇÃO. Direção de Jan Egleason. EUA: 1997.

RITMO ALUCINANTE. Direção de Malcolm Lee. EUA: 2005.

UMA AVENTURA DO ZICO. Direção de Antonio Carlos Fontoura. Brasil: 1998.

UMA HISTÓRIA DE FUTEBOL. Direção de Paulo Machline. Brasil: 1998. Curta-metragem.

VIDA SOBRE RODAS. Direção de Daniel Baccaro. Brasil: 2010.

Capítulo 6: Ginásticas

AYOUB, Eliana. *Ginástica geral e educação física escolar*. Campinas: Editora da Unicamp, 2004.

BORTOLETO, Marco Antonio Coelho. La lógica pedagógica de la gimnasia: entre la ciencia y el arte. *Acción motriz*, revista digital, n. 9, jul./dez. 2012.

FERNÁNDEZ y VÁZQUEZ, Jorge J. Historia del concepto de gimnástica. In: *Estudio del pensamento del profesor de educación física en las etapas de primaria y secundaria*. 2007. Tese (doutorado em Educação) – Facultad de Educación, Universidad Complutense de Madrid. Madri: UCM, 2007.

NEIRA, Marcos Garcia; NUNES, Mário Luiz Ferrari. Pedagogia da cultura corporal: motricidade, cultura e linguagem. In: *Ensino de educação física*. São Paulo: Cengage Learning, 2010.

NUNES, Mário Luiz Ferrari. Práticas corporais ou mercadorias corporais. In: SANCHES, Tatiana Amendola (org.). *Estudos culturais*: uma abordagem prática. São Paulo: Senac, 2011.

PÉREZ GALLARDO, Jorge Sergio; LINZMAYER GUTIERREZ, Luis Alberto. *Gimnasia rítmica formativa*: propuesta pedagógica para la educación física escolar. Concepción: Ediciones UBB, 2013.

SOARES, Carmen Lúcia. *Imagens da educação no corpo*. Campinas: Autores Associados, 1998.

Sugestões para o trabalho com as ginásticas

Livros

BORTOLETO, Marco Antonio Coelho. *Introdução à pedagogia das artes circenses*. Jundiaí: Fontoura, 2008.

DUPRAT, Rodrigo Mallet; PÉREZ GALLARDO, Jorge Sergio. *Artes circenses no âmbito escolar*. Ijuí: Editora Unijuí, 2010.

MASSOLA, Maria Ester Azevedo. *Vamos praticar yoga?* Yoga para crianças, pais e professores. São Paulo: Phorte, 2008.

MORAES, Fabiano Braun de; SILVEIRA, Nira. *Ginástica olímpica*. Blumenau: Sabida, 2002.

NUNOMURA, Mirian. *Ginástica artística*. São Paulo: Odysseus, 2008.

PÉREZ GALLARDO, Jorge Sergio; AZEVEDO, Lucio Henrique Rezende. *Fundamentos básicos da ginástica acrobática competitiva*. Campinas: Autores Associados, 2007.

Sites

http://fepamonline.com.br/fpm. Acesso em: 21 jul. 2014.

http://tvescola.mec.gov.br. Acesso em: 21 jul. 2014.

www.artesdocirco.com.br. Acesso em: 21 jul. 2014.

www.cdof.com.br. Acesso em: 21 jul. 2014.

www.circonteudo.com.br. Acesso em: 21 jul. 2014.

www.ggu.com.br. Acesso em: 21 jul. 2014.

Filmes

GINÁSTICA ARTÍSTICA: um salto na história. Documentário do canal SporTV, disponível no YouTube.

NADIA. Direção de Alan Cooke. EUA: 1984.

O CORPO PERFEITO. Direção de Douglas Barr. EUA: 1997.

PALMAS BRANCAS. Direção de Szabolcs Hajdu. Hungria: 2006.

PODER ALÉM DA VIDA. Direção de Victor Salva. EUA: 2006.

VIRADA RADICAL. Direção de Jessica Bendiger. EUA: 2006.

O autor

Marcos Garcia Neira licenciou-se em Educação Física e Pedagogia, realizou mestrado e doutorado em Educação, pós-doutorado em Educação Física e Currículo e livre-docência em Metodologia do Ensino de Educação Física. É professor associado da Faculdade de Educação da Universidade de São Paulo, onde atua nos cursos de graduação e pós-graduação e coordena o Grupo de Pesquisas em Educação Física escolar. É bolsista de Produtividade em Pesquisa do CNPq.